## MP3 다운로드 방법

- 네이버 블로그 주소란에 **www.lancom.co.kr** 입력 또는
  네이버 블로그 검색창에 **랭컴**을 입력하신 후 다운로드

- **www.webhard.co.kr**에서 직접 다운로드
  아이디  : lancombook
  패스워드 : lancombook
- 이메일 elancom@naver.com로 음원 직접 요청

**스마트폰 카메라** 또는 **QR코드 앱**으로
각 **Unit**의 상단 오른쪽에 있는 **QR코드**를 촬영해보세요.
해당 **Unit**의 본문이 전체 녹음되어 있는 **동영상**을 보면서
**중국인**의 정확한 발음을 즉석에서 바로 들을 수 있어요.

보고 듣는 QR코드 속 동영상!
스마트폰 **카메라**로 책 속에 표시된
**QR코드**를 똑바로 찍어 보세요.

**MP3 사용법**

▶ **mp3 다운로드**

www.lancom.co.kr에 접속하여 **mp3**파일을 무료로 다운로드합니다.

▶ **우리말과 중국인의 1 : 1 녹음**

책 없이도 공부할 수 있도록 중국인 남녀가 자연스런 속도로 번갈아가며 중국어 문장을 녹음
하였습니다. 우리말 한 문장마다 중국인 남녀 성우가 각각 1번씩 읽어주기 때문에 한 문장을
두 번씩 듣는 효과가 있습니다.

▶ **mp3 반복 청취**

교재를 공부한 후에 녹음을 반복해서 청취하셔도 좋고, 중국인의 녹음을 먼저 듣고 잘 이해할
수 없는 부분은 교재로 확인해보는 방법으로 공부하셔도 좋습니다. 어떤 방법이든 자신에게
잘 맞는다고 생각되는 방법으로 꼼꼼하게 공부하십시오. 보다 자신 있게 중국어를 할 수 있게
될 것입니다.

▶ **정확한 발음 익히기**

발음을 공부할 때는 반드시 함께 제공되는 mp3 파일을 이용하시기 바랍니다. 중국어를 배
울 때 듣는 것이 중요하다는 것은 두말할 필요가 없습니다. 오랫동안 자주 반복해서 듣는 연
습을 하다보면 어느 순간 갑자기 말문이 열리게 되는 것을 경험할 수 있을 것입니다. 의사소
통을 잘 하기 위해서는 말을 잘하는 것도 중요하지만 상대가 말하는 것을 정확하게 듣는 것이
더 중요하다고 합니다. 활용도가 높은 기본적인 표현을 가능한 한 많이 암기할 것과, 동시에
중국인이 읽어주는 문장을 지속적으로 꾸준히 듣는 연습을 병행하시기를 권해드립니다. 듣는
연습을 할 때는 실제로 소리를 내어 따라서 말해보는 것이 더욱 효과적입니다.

# 왕초보 중국어회화 첫걸음

# 왕초보 중국어회화 첫걸음

2022년 12월 01일 초판 1쇄 인쇄
2022년 12월 05일 초판 1쇄 발행

지은이 송미경
발행인 손건
편집기획 김상배, 장수경
마케팅 최관호
디자인 이성세
제작 최승용
인쇄 선경프린테크

발행처 LanCom 랭컴
주소 서울시 영등포구 영신로34길 19
등록번호 제 312-2006-00060호
전화 02) 2636-0895
팩스 02) 2636-0896
홈페이지 www.lancom.co.kr
이메일 elancom@naver.com

ⓒ 랭컴 2022
ISBN 979-11-92199-21-4 13720

# 왕초보 중국어회화 첫걸음

송미경 지음

**Lan**Com
Language & Communication

들어가며

# 중국어회화를 위한 4단계 공부법

읽기 듣기 말하기 쓰기 4단계 중국어 공부법은 가장 효과적이라고

알려진 비법 중의 비법입니다. 아무리 해도 늘지 않던 중국어 공부,

이제 읽듣말쓰 4단계 공부법으로 팔 걷어붙이고 달려들어 봅시다!

## 읽기

왕초보라도 문제없이 읽을 수 있도록 중국인 발음과 최대한 비슷하
게 우리말로 발음을 달아 놓았습니다. 우리말 해석과 중국어 표현을
눈으로 확인하며 읽어보세요.

✔ check point!

- 같은 상황에서 쓸 수 있는 6개의 표현을 확인한다.
- 우리말 해석을 보면서 중국어 표현을 소리 내어 읽는다.

## 듣기

책 없이도 공부할 수 있도록 우리말 해석과 중국어 문장이 함께 녹음
되어 있습니다. 출퇴근 길, 이동하는 도중, 기다리는 시간 등, 아까운
자투리 시간을 100% 활용해 보세요. 듣기만 해도 공부가 됩니다.

- 우리말 해석과 중국인 발음을 서로 연관시키면서 듣는다.
- 중국인 발음이 들릴 때까지 반복해서 듣는다.

## 쓰기

중국어 공부의 완성은 쓰기! 손으로 쓰면 우리의 두뇌가 훨씬 더 확
실하게, 오래 기억한다고 합니다. 별도의 쓰기 공책을 준비하여 공부

한 것을 바로 확인하며 쓰도록 해봅시다. 정성껏 쓰다 보면 생각보다 중국어 문장이 쉽게 외워진다는 사실에 깜짝 놀라실 거예요.

✓ check point!

- 적혀 있는 그대로 읽으면서 따라 쓴다.
- 중국인의 발음을 들으면서 쓴다.
- 표현을 최대한 머릿속에 떠올리면서 쓴다.

## 말하기

듣기만 해서는 절대로 입이 열리지 않습니다. 중국인 발음을 따라 말해보세요. 계속 듣고 말하다 보면 저절로 발음이 자연스러워집니다.

✓ check point!

- 중국인 발음을 들으면서 최대한 비슷하게 따라 읽는다.
- 우리말 해석을 듣고 mp3를 멈춘 다음, 중국어 문장을 떠올려 본다.
- 다시 녹음을 들으면서 맞는지 확인한다.

## 대화 연습

문장을 아는 것만으로는 충분하지 않습니다. 대화를 통해 문장의 쓰임새와 뉘앙스를 아는 것이 무엇보다 중요하기 때문에 6개의 표현마다 대화문을 하나씩 두었습니다.

✓ check point!

- 대화문을 읽고 내용을 확인한다.
- 대화문 녹음을 듣는다.
- 들릴 때까지 반복해서 듣는다.

# 기본표현

# 여행표현

旅行表达

# 일상표현

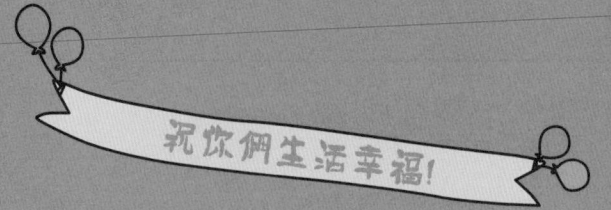

祝你们生活幸福!

# 01

## PART

**基本表达**

✿ 만만하게
✿ 눈으로 읽고
✿ 귀로 듣고
✿ 입으로 소리내어 말한다!

# 인사

# 인사할 때

안녕하세요.

## 你好! / 您好!

Nǐhǎo     Nínhǎo

니하오     닌하오

---

안녕하세요?

## 你好吗?

Nǐhǎo ma

니하오 마

---

안녕하세요.(아침인사)

## 你早! / 早安! / 早上好!

Nǐzǎo    Zǎo'ān    Zǎoshang hǎo

니자오    자오안    자오샹 하오

---

안녕하세요. (저녁인사)

## 晚上好!

Wǎnshang hǎo

완샹 하오

---

안녕히 주무세요.

## 晚安!

Wǎn'ān

완안

---

여러분, 안녕하세요.

## 大家好!

Dàjiā hǎo

따지아 하오

---

**Conversation**

A: 你好, 最近怎么样?

B: 很好, 你呢?

안녕하세요, 요즘 어떠세요?

잘 지내요, 당신은요?

# 근황을 물을 때

요즘 어떻게 지내세요?

## 最近怎么样?

Zuìjìn zěnmeyàng

쭈에이진 전머양

---

잘 지내세요?

## 还好吗?

Háihǎo ma

하이하오 마

---

덕분에 잘 지내고 있습니다, 당신은요?

## 托您的福很好，你呢?

Tuō nín de fú hěnhǎo, nǐ ne

투어 닌 더 푸 흐언하오, 니 너

---

건강은 좋아지셨어요?

## 身体好了吗?

Shēntǐ hǎo le ma

션티 하오 러 마

---

일은 바쁘세요?

## 工作忙吗?

Gōngzuò máng ma

꽁쭈어 망 마

---

별 일 없으시지요?

## 没什么事吧?

Méi shénmeshì ba

메이 션머스 바

---

Conversation

A: 身体好了吗?

B: 没事了。

건강은 좋아지셨어요?
괜찮습니다.

# 처음 만났을 때

>> 녹음을 듣고 소리내어 읽어볼까요?

《《 듣기 》》

처음 뵙겠습니다.

## 初次见面。

Chūcì jiànmiàn

추츠 지엔미엔

---

뵙게 되어 반갑습니다.

## 认识你很高兴。

Rènshi nǐ hěngāoxìng

런스 니 흐언까오싱

---

말씀 많이 들었습니다.

## 久仰久仰。

Jiǔyǎng jiǔyǎng

지어우양 지어우양

---

만나서 반갑습니다.

## 见到你很高兴。

Jiàndào nǐ hěngāoxìng

지엔따오 니 흐언까오싱

---

이름이 어떻게 됩니까?

## 您贵姓?

Nín guìxìng

닌 꾸에이싱

---

성은 김이고, 이름은 희선입니다.

## 我姓金，叫喜善。

Wǒ xìng Jīn, jiào Xīshàn

워 싱 찐, 지아오 시샨

---

Conversation

A: 我先自我介绍一下。

B: 好。

제 소개를 먼저 하겠습니다.

좋아요.

소개할 때 Unit 04

# 소개할 때

>> 녹음을 듣고 소리내어 읽어볼까요?

>> 녹음을 듣고 소리내어 읽어볼까요?

<< 듣기 >>

---

두 분이 서로 인사 나누셨습니까?

## 你们俩打过招呼了?

Nǐmen liǎ dǎguòzhāohūle

니먼 리아 다꾸어짜오후러

---

제가 두 분을 소개하겠습니다.

## 我来介绍这两位。

Wǒ lái jièshào zhè liǎngwèi

워 라이 지에샤오 쩌 리앙웨이

---

서로 인사하시지요.

## 你们互相认识一下吧。

Nǐmen hùxiāng rènshi yíxià ba

니먼 후시앙 런스 이시아 바

---

전에 한번 뵌 적이 있는 것 같습니다.

## 我们好像见过一面。

Wǒmen hǎoxiàng jiànguò yímiàn

워먼 하오시앙 지엔꾸어 이미엔

---

존함은 익히 들었습니다.

## 您的大名早有所闻。

Nín de dàmíng zǎo yǒu suǒwén

닌 더 따밍 자오 여우 쑤어원

---

예전부터 뵙고 싶었습니다.

## 我早就想见见你。

Wǒ zǎojiù xiǎng jiànjiàn nǐ

워 자오지어우 시앙 지엔지엔 니

---

Conversation

A: 久闻大名, 见到你很高兴。

B: 认识你我也很高兴。

존함을 오래 전부터 들었습니다. 만나서 반갑습니다.
저도 뵙게 되어 기쁩니다.

>> 녹음을 듣고 소리내어 읽어볼까요?   << 듣기 >>

---

오랜만입니다.

## 好久不见了。

Hǎojiǔbújiànle

하오지어우부지엔러

---

오랜만이군요. 어떻게 지내세요?

## 好久不见，过得怎么样?

Hǎojiǔbújiàn, guò de zěnmeyàng

하오지어우부지엔, 꾸어 더 전머양

---

안녕하세요. 다시 만나서 반갑습니다.

## 你好! 很高兴再次见到你。

Nǐhǎo! Hěngāoxìng zàicì jiàndào nǐ

니하오! 흐언까오씽 짜이츠 지엔따오 니

---

몇 년 만이죠?

## 有几年没见了?

Yǒu jǐnián méi jiànle

여우 지니엔 메이 지엔러

---

여전하시군요.

## 你一点儿都没变啊。

Nǐ yìdiǎnrdōu méi biàn a

니 이디알떠우 메이 삐엔 아

---

가족 모두 안녕하시지요?

## 你家里人都好吗?

Nǐ jiāli rén dōu hǎo ma

니 지아리 런 떠우 하오 마

---

**Conversation**

A: 好久没见了。
B: 是啊, 你还好吗?

오랜만이네요.
네, 잘 지냈어요?

# 우연히 만났을 때

만나서 반가워요.

## 很高兴见到你。

Hěngāoxìng jiàndào nǐ

흐언까오싱 지엔따오 니

---

아니, 이게 누구예요!

## 哟，这是谁呀!

Yō, zhè shì shuí a

요, 쩌 스 수에이 아

---

세상 정말 좁군요.

## 这世界真是太小了。

Zhè shìjiè zhēnshì tài xiǎo le

쩌 쓰지에 쩐스 타이 시아오 러

---

여기서 만나다니 뜻밖이군요.

## 在这里碰到你，真是没想到。

Zài zhèli pèngdào nǐ, zhēnshì méixiǎngdào

짜이 쩌리 펑따오 니, 쩐스 메이시앙따오

---

다시 뵐 거라고는 정말 생각도 못했어요.

## 真没想到能再见面!

Zhēn méixiǎngdào néng zài jiànmiàn

쩐 메이시앙따오 넝 짜이 지엔미엔

---

그렇지 않아도 뵙고 싶었었는데.

## 我正好想找你呢。

Wǒ zhènghǎo xiǎng zhǎo nǐ ne

워 쩡하오 시앙 자오 니 너

---

Conversation

A: 哟, 这是谁呀!

B: 呀! 是刘梅吧? 你怎么到这儿来了?

아니, 이게 누구예요!

어! 리우메이 맞죠? 어떻게 여기에 왔어요?

>> 녹음을 듣고 소리내어 읽어볼까요?

《 듣기 》

안녕히 계세요(가세요).

# 再见!
Zàijiàn
짜이지엔

내일 봐요.

# 明天见。
Míngtiān jiàn
밍티엔 지엔

이따 봐요!

# 回头见!
Huítóu jiàn
후에이터우 지엔

그럼, 다음에 뵙겠습니다.

# 那么，下回见。
Nàme, xiàhuí jiàn
나머, 시아후에이 지엔

나중에 또 만납시다!

# 后会有期!
Hòuhuìyǒuqī
허우후에이여우치

잘 지내요!

# 保重!
Bǎozhòng
바오쫑

Conversation

A: 很高兴今天认识你。

B: 认识你我也很高兴。再见。

오늘 만나서 반가웠습니다.
뵙게 되어 저도 기쁩니다. 안녕히 가세요.

# 떠나보낼 때

>> 녹음을 듣고 소리내어 읽어볼까요?    << 듣기 >>

조심해서 가세요.

## 慢走。

Màn zǒu

만 저우

---

몸조심하세요.

## 请多多保重身体。

Qǐng duōduō bǎozhòng shēntǐ

칭 뚜어뚜어 바오쫑 션티

---

멀리 안 나갈게요.

## 我不送你了。

Wǒ bú sòng nǐ le

워 부 쏭 니 러

---

역까지 바래다 드릴게요.

## 我送你到车站吧。

Wǒ sòng nǐ dào chēzhàn ba

워 쏭 니 따오 처잔 바

---

성공을 빌겠습니다.

## 祝你成功。

Zhù nǐ chénggōng

쭈 니 청꽁

---

즐거운 여행이 되세요.

## 祝你旅游愉快!

Zhù nǐ lǚyóu yúkuài

쭈 니 뤼여우 위쿠아이

---

Conversation

A: 我真的要走了。

B: 好, 祝你一路平安!

정말 가야겠어요.

네, 편안한 여행되시길 바랄게요.

>> 녹음을 듣고 소리내어 읽어볼까요?

감사합니다.

## 谢谢。
Xièxie
시에시에

---

당신 덕분이에요, 고맙습니다.

## 托你的福，谢谢。
Tuō nǐ de fú, xièxie
투어 니 더 푸, 시에시에

---

대단히 감사합니다.

## 非常感谢。
Fēicháng gǎnxiè
페이창 간시에

---

도와 주셔서 감사합니다.

## 谢谢你的帮助。
Xièxie nǐ de bāngzhù
시에시에 니 더 빵주

---

천만에요.

## 不客气。
bú kèqi
부 크어치

---

별말씀을요.

## 哪里哪里。
Nǎli nǎli
나리 나리

---

Conversation

A: 谢谢。

B: 不客气。

고마워요.
천만에요.

# 미안할 때

미안합니다.

## 对不起。
Duìbuqǐ
뚜에이부치

정말 미안합니다.

## 真不好意思。
Zhēn bùhǎoyìsi
쩐 뿌하오이쓰

죄송합니다.

## 很抱歉。
Hěn bàoqiàn
흐언 빠오치엔

용서해 주십시오.

## 请原谅我。
Qǐng yuánliàng wǒ
칭 위엔리앙 워

제가 잘못했습니다.

## 是我不对。
Shì wǒ búduì
스 워 부뚜에이

괜찮습니다.

## 没关系。
Méiguānxi
메이꾸안시

Conversation

A: 对不起, 让你久等了。

B: 没关系, 我也刚到的。

오래 기다리게 해서 미안합니다.
괜찮아요, 저도 방금 왔어요.

 대화 연습 **PART 01**

● 앞에서 배운 대화 내용의 병음입니다. 녹음을 듣고 또박또박 읽어 보세요.

**Unit 01** 인사할 때

A: **Nǐhǎo, zuìjìn zěnmeyàng?**
B: **Hěnhǎo, nǐ ne?**

**Unit 02** 근황을 물을 때

A: **Shēntǐ hǎo le ma?**
B: **Méishìle.**

**Unit 03** 처음 만났을 때

A: **Wǒ xiān zìwǒjièshào yíxià.**
B: **Hǎo.**

**Unit 04** 소개할 때

A: **Jǐuwén dàmíng, jiàndao nǐ hěngāoxìng.**
B: **Rènshi nǐ wǒ yě hěngāoxìng.**

**Unit 05** 오랜만에 만났을 때

A: **Hǎo jiǔ méi jiàn le.**
B: **Shì a, nǐ hái hǎo ma?**

**Unit 06** 우연히 만났을 때

A: **Yō, zhè shì shuí ya!**
B: **Yā! shì Líuméi ba? Nǐ zěnme dào zhèr laile?**

**Unit 07** 헤어질 때

A: **Hěngāoxìng jīntiān rènshi nǐ.**
B: **Rènshi nǐ wǒ yě hěngāoxìng. zàijiàn.**

**Unit 08** 떠나보낼 때

A: **Wǒ zhēnde yào zǒu le.**
B: **Hǎo, zhù nǐ yílùpíng'ān!**

**Unit 09** 고마울 때

A: **Xièxie.**
B: **Bú kèqi.**

**Unit 10** 미안할 때

A: **Duìbuqǐ, ràng nǐ jiǔ děng le.**
B: **Méiguānxi, wǒ yě gāng dào de.**

# PART 02

基本表达

✿ 만만하게
✿ 눈으로 읽고
✿ 귀로 듣고
✿ 입으로 소리내어 말한다!

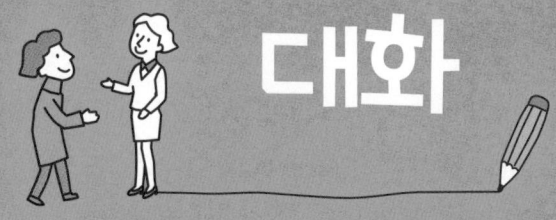

대화

# 사람을 부르거나 말을 걸 때

>> 녹음을 듣고 소리내어 읽어볼까요?

<< 듣기 >>

어떻게 불러야 하나요?

## 不知该怎么称呼?
Bùzhī gāi zěnme chēnghū
뿌즈 까이 전머 청후

여보세요!

## 喂!
Wèi
웨이

저, 잠깐만요.

## 哦，我说。
Ó, wǒ shuō
어, 워 수어

이야기 좀 할 수 있을까요?

## 我能跟你谈谈吗?
Wǒ néng gēn nǐ tántan ma
워 넝 끄언 니 탄탄 마

드릴 말씀이 있는데요.

## 我有话跟你说。
Wǒ yǒu huà gēn nǐ shuō
워 여우 후아 끄언 니 수어

잠깐 이야기 좀 할까요?

## 我们俩谈谈?
Wǒmenliǎ tántan
워먼리아 탄탄

---

Conversation

A: 老金，我能跟你谈谈吗?

B: 你到底想说点什么?

김씨, 저와 이야기 좀 할 수 있을까요?

무슨 말을 하고 싶으신 거죠?

# Unit 02 맞장구칠 때

<< 듣기 >>

그래 맞아요.

# 是的。 / 是啊。

Shì de   Shì a

스 더   스 아

---

정말요?

# 是吗? / 真的?

Shì ma   Zhěn de

스 마   전 더

---

맞아요.

# 没错。

Méicuò

메이추어

---

맞는 말씀이세요.

# 你说得对。

Nǐ shuō de duì

니 수어 더 뚜에이

---

누가 아니래요.

# 可不是嘛。

Kě búshì ma

크어 부스 마

---

아이고, 그럴 리가요.

# 唉，不会吧。

Āi, búhuì ba

아이, 부후에이 바

---

Conversation

A: 你知道吗? 他买了房子。

B: 真的?

당신 알아요? 저 남자 집을 샀대요.
정말이에요?

무슨 소리에요?

# 你说什么?

Nǐ shuōshénme

니 수어션머

---

방금 뭐라고 하셨어요?

# 刚才你说什么了?

Gāngcái nǐ shuōshénmele

깡차이 니 수어션머러

---

말씀하신 게 무슨 뜻인가요?

# 你说的是什么意思?

Nǐ shuō de shì shénmeyìsi

니 수어 더 스 션머이쓰

---

다시 한 번 말씀해 주십시오.

# 请再说一次吧。

Qǐng zàishuō yícì ba

칭 짜이수어 이츠 바

---

미안합니다, 잘 못 들었어요.

# 对不起，我没听清楚。

Duìbuqǐ, wǒ méi tīng qīngchu

뚜에이부치, 워 메이 팅 칭추

---

천천히 말씀해주시죠.

# 请你慢一点儿说。

Qǐng nǐ màn yìdiǎnr shuō

칭 니 만 이디알 수어

---

Conversation

A: 你刚才说什么了?

B: 请注意听，下星期有考试。

방금 뭐라고 하셨어요?

잘 들어요, 다음 주에 시험이에요.

# 질문할 때

말씀 좀 물을게요.

## 请问一下。

Qǐngwèn yíxià

칭원 이시아

---

질문 하나 있습니다.

## 我有一个问题。

Wǒ yǒu yígè wèntí

워 여유 이거 원티

---

이것은 중국어로 뭐라고 하죠?

## 请问这个中文怎么说?

Qǐngwèn zhège zhōngwén zěnmeshuō

칭원 쩌거 종원 전머수어

---

누구한테 물어봐야 되죠?

## 不知应该问哪位?

Bùzhī yīnggāi wèn nǎ wèi

뿌쯔 잉까이 원 나 웨이

---

말하지 않겠어요.

## 我不回答。

Wǒ bù huídá

워 뿌 후에이다

---

모르겠어요.

## 这我不知道。

Zhè wǒ bùzhīdào

쩌 워 뿌즈따오

---

Conversation

A: 对不起，请问一下。

B: 什么事儿?

실례합니다. 말씀 좀 여쭙겠습니다.
무슨 일이십니까?

Unit
05

# 부탁할 때

>> 녹음을 듣고 소리내어 읽어볼까요?

<< 듣기 >>

잘 부탁드립니다.
## 多多拜托您!
Duōduo bàituō nín
뚜어두어 빠이투어 닌

부탁 하나 드려도 될까요?
## 我想拜托你一件事，行吗?
Wǒ xiǎng bàituō nǐ yíjiàn shì, xíng ma
워 시앙 빠이투어 니 이지엔 스, 싱 마

앞으로 많이 봐 주십시오.
## 以后请您多多关照。
Yǐhòu qǐng nín duōduoguānzhào
이허우 칭 닌 뚜어두어꾸안짜오

좀 부탁드릴 일이 있는데요.
## 我有事想拜托你。
Wǒ yǒushì xiǎng bàituō nǐ
워 여우스 시앙 빠이투어 니

저를 도와주시겠습니까?
## 你能帮我吗?
Nǐ néng bāng wǒ ma
니 넝 빵 워 마

당신의 도움이 필요합니다.
## 我需要你的帮助。
Wǒ xūyào nǐ de bāngzhù
워 쉬야오 니 더 빵쭈

Conversation

A: 请帮我一个忙, 可以吗?

B: 可以, 什么事儿?

저 좀 도와주시겠어요?
네, 무슨 일이죠?

# 부탁에 응답할 때

종습니다.

## 好。
Hǎo
하오

물론 되죠.

## 当然可以。
땅란 크어이
Dāngrán kěyǐ

문제없어요.

## 没问题。
Méi wèntí
메이 원티

아무래도 안 되겠는데요.

## 这恐怕不行。
Zhè kǒngpà bùxíng
쩌 콩파 뿌싱

생각해보죠.

## 让我考虑一下。
Ràng wǒ kǎolǜ yíxià
랑 워 카오뤼 이시아

다음에 얘기합시다.

## 改天再说吧。
Gǎitiān zàishuōba
가이티엔 짜이수어바

Conversation

A: 我想拜托你一件事，行吗？

B: 不好意思，我现在太忙了。

한 가지 부탁해도 될까요?

미안해요, 제가 지금 너무 바쁘네요.

아시겠어요?

## 你能理解吗?

Nǐ néng lǐjiě ma

니 넝 리지에 마

제가 한 말을 알겠어요?

## 你明白我说的话吗?

Nǐ míngbai wǒ shuō de huà ma

니 밍바이 워 수어 더 후아 마

무슨 뜻인지 아시겠어요?

## 你能理解是什么意思吗?

Nǐ néng lǐjiě shì shénmeyìsī ma

니 넝 리지에 스 션머이쓰 마

알겠어요.

## 我理解。

Wǒ lǐjiě

워 리지에

아, 알겠습니다.

## 哦，明白了。

Ó, míngbaile

어, 밍바이러

모르겠어요.

## 我没法理解。

Wǒ méifǎ lǐjiě

워 메이파 리지에

Conversation

A: 你不太明白吗?

B: 我听不出来要旨。

잘 모르겠어요?

요지가 뭔지 알아듣지 못하겠어요.

# 의견을 묻고 대답할 때

>> 녹음을 듣고 소리내어 읽어볼까요?

<< 듣기 >>

당신 의견은 어때요?

## 你的意见怎么样?

Nǐ de yìjiàn zěnmeyàng

니 더 이지엔 전머양

---

당신이 느끼기에 어때요?

## 你觉得怎么样?

Nǐ juéde zěnmeyàng

니 쥐에더 전머양

---

당신이 보기에 어때요?

## 你看怎么样?

Nǐ kàn zěnmeyàng

니 칸 전머양

---

무슨 좋은 생각이 있어요?

## 有没有什么好主意?

Yǒuméiyǒu shénme hǎo zhǔyi

여우메이여우 션머 하오 주이

---

좋으실 대로 하십시오.

## 请随便。

Qǐng suíbiàn

칭 수에이삐엔

---

뭐라고 말할 수 없네요.

## 我也不好说。

Wǒ yě bùhǎoshuō

워 이에 뿌하오수어

---

Conversation

A: 明天去怎么样?

B: 明天我还要上班。

내일 가면 어때요?

내일도 출근해야 해요.

# 허락과 양해를 구할 때

<< 듣기 >>

이렇게 하면 되나요?

## 这样做，就行吗?

Zhèyàng zuò, jiù xíng ma

쩌양 쭈어, 지어우 씽 마

제가 들어가도 될까요?

## 我可以进去吗?

Wǒ kěyǐ jìnqù ma

워 크어이 찐취 마

좌석을 바꿔 앉아도 되나요?

## 可不可以换座位?

Kěbùkěyǐ huàn zuòwèi

크어뿌크어이 후안 쭈어웨이

실례합니다.

## 对不起了。

Duìbùqǐle

뚜에이뿌치러

잠깐 실례해도 될까요?

## 我可以打扰你一下吗?

Wǒ kěyǐ dǎráo nǐ yíxià ma

워 크어이 다라오 니 이시아 마

이만 실례할게요.

## 我马上要回去了!

Wǒ mǎshàng yào huíqùle

워 마샹 야오 후에이취러

**Conversation**

A: 我可以试一下吗?

B: 当然。那边有更衣室。

한번 입어봐도 될까요?

물론이죠. 저쪽에 탈의실이 있어요.

# 동의를 구하고 답할 때

>> 녹음을 듣고 소리내어 읽어볼까요?

<< 듣기 >>

당신도 내 생각과 같습니까?
## 你的想法也跟我一样吗?
Nǐ de xiǎngfǎ yě gēn wǒ yíyàng ma
니 더 시앙파 이에 끄언 워 이양 마

어떻습니까?
## 怎么样?
Zěnmeyàng
전머양

동감입니다.
## 我也有同感。
Wǒ yě yǒu tónggǎn
워 이에 여우 통간

다른 의견은 없습니다.
## 我没有别的意见。
Wǒ méiyǒu biéde yìjiàn
워 메이여우 비에더 이지엔

전적으로 동의합니다.
## 我完全同意。
Wǒ wánquán tóngyì
워 완취엔 통이

저는 동의할 수 없습니다.
## 我不能同意。
Wǒ bùnéng tóngyì
워 뿌넝 통이

Conversation

A: 你同意我的看法吗?
B: 完全同意。

제 의견에 동의합니까?
동의합니다.

PART 02 대화 • 37

● 앞에서 배운 대화 내용의 병음입니다. 녹음을 듣고 또박또박 읽어 보세요.

**Unit 01** 사람을 부르거나 말을 걸 때

A: Lǎo Jīn, wǒ néng gēn nǐ tántan ma?

B: Nǐ dàodǐ xiǎng shuō diǎn shénme?

**Unit 02** 맞장구칠 때

A: Nǐ zhīdao ma? Tā mǎile fángzi.

B: Zhēn de?

**Unit 03** 되물을 때

A: Nǐ gāngcái shuōshénmele?

B: Qǐng zhùyì tīng, xiàxīngqī yǒu kǎoshì.

**Unit 04** 질문할 때

A: Duìbuqǐ, qǐngwèn yíxià.

B: Shénme shìr?

**Unit 05** 부탁할 때

A: Qǐng bāng wǒ yíge máng, kěyǐ ma?

B: Kěyǐ, shénme shìr?

**Unit 06** 부탁에 응답할 때

A: Wǒ xiǎng bàituō nǐ yíjiàn shì xíng ma?

B: Bùhǎoyìsi, wǒ xiànzài tài mángle.

**Unit 07** 이해를 확인할 때

A: Nǐ bú tài míngbai ma?

B: Wǒ tīng bù chūlái yàozhǐ.

**Unit 08** 의견을 묻고 대답할 때

A: Míngtiān qù zěnmeyàng?

B: Míngtiān wǒ háiyào shàngbān.

**Unit 09** 허락과 양해를 구할 때

A: Wǒ kěyǐ shì yíxià ma?

B: Dāngrán. Nàbiān yǒu gēngyīshì.

**Unit 10** 동의를 구하고 답할 때

A: Nǐ tóngyì wǒ de kànfǎ ma?

B: Wánquán tóngyì.

# 03

## PART

基本表达

✪ 만만하게

✪ 눈으로 읽고

✪ 귀로 듣고

✪ 입으로 소리내어 말한다!

# 자기소개

## Unit 01 개인 신상에 대해 말할 때

어디 분이세요?

# 你是哪里人?
Nǐ shì nǎli rén

니 스 나리 런

---

어느 나라 분이세요?

# 你是哪国人?
Nǐ shì nǎ guórén

니 스 나 구어런

---

전 한국에서 왔습니다.

# 我是从韩国来的。
Wǒ shì cóng Hánguó lái de

워 스 총 한구어 라이 더

---

몇 살이에요?

# 你多大了?
Nǐ duō dà le

니 뚜어 따 러

---

몇 년생이세요?

# 你是哪一年出生的?
Nǐ shì nǎ yìnián chūshēng de

니 스 나 이니엔 추성 더

---

어디 사세요?

# 你住在哪儿?
Nǐ zhùzài nǎr

니 쭈짜이 날

---

A: 请问, 你今年多大了?

B: 我今年三十五岁了。

말씀 좀 여쭐게요, 올해 몇이세요?
저는 올해 서른 다섯 살입니다.

# 가족에 대해 말할 때

가족은 몇 분이나 되세요?

## 请问，你家有几口人?

Qǐngwèn, nǐ jiā yǒu jǐkǒu rén

칭원, 니 지아 여우 지커우 런

---

가족이 누구누구세요?

## 你家都有什么人?

Nǐ jiā dōu yǒu shénme rén

니 지아 떠우 여우 션머 런

---

아이들은 몇 명이나 되세요?

## 你有几个孩子?

Nǐ yǒu jǐgè háizi

니 여우 지거 하이즈

---

난 독자예요. 당신은요?

## 我是独生子，你呢?

Wǒ shì dúshēngzǐ, nǐ ne

워 스 두셩즈, 니 너

---

부모님과 함께 사세요?

## 跟父母一起住吗?

Gēn fùmǔ yìqǐ zhù ma

끄언 푸무 이치 쭈 마

---

형제가 몇 분이세요?

## 有几个兄弟?

Yǒu jǐgè xiōngdì

여우 지거 시옹띠

---

Conversation

A: 你家有几口人?

B: 我家有四口人。

가족이 몇 분이세요?

4식구입니다.

# 학교에 대해 말할 때

어느 학교에 다녀요?

## 请问，你在哪个学校上学?

Qǐngwèn, nǐ zài nǎge xuéxiào shàngxué

칭원, 니 짜이 나거 쉬에시아오 샹쉬에

대학생이에요?

## 你是大学生吗?

Nǐ shì dàxuéshēng ma

니 스 따쉬에셩 마

몇 학년이에요?

## 你几年级?

Nǐ jǐ niánjí

니 지 니엔지

대학교 3학년입니다.

## 我是大学三年级的。

Wǒ shì dàxué sān niánjí de

워 스 따쉬에 싼 니엔지 더

전공이 뭐죠?

## 你是哪个专业的?

Nǐ shì nǎge zhuānyè de

니 스 나거 쭈안이에 더

어느 학교를 졸업하셨어요?

## 你是哪个学校毕业的?

Nǐ shì nǎge xuéxiào bìyè de

니 스 나거 쉬에시아오 삐에 더

Conversation

A: 你是学生吗?

B: 不是，我是公司职员。

당신은 학생입니까?

아닙니다, 저는 회사원입니다.

>> 녹음을 듣고 소리내어 읽어볼까요?          << 듣기 >>

중국어를 얼마나 배우셨어요?

## 你学汉语学多久了?

Nǐ xué hànyǔ xué duōjiǔ le

니 쉬에 한위 쉬에 뚜어지어우 러

---

아르바이트는 하나요?

## 你正在打工吗?

Nǐ zhèngzài dǎgōng ma

니 쩡짜이 다꽁 마

---

어떤 동아리 활동을 하나요?

## 你加入什么社团?

Nǐ jiārù shénme shètuán

니 찌아루 션머 셔투안

---

수업은 아침 몇 시에 시작해요?

## 早晨几点开始上课?

Zǎochén jǐdiǎn kāishǐ shàngkè

자오천 지디엔 카이스 샹크어

---

몇 시에 수업이 끝나요?

## 你几点下课?

Nǐ jǐdiǎn xiàkè

니 지디엔 시아크어

---

선생님, 질문이 있습니다.

## 老师，我有一个问题。

Lǎoshī, wǒ yǒu yígè wèntí

라오스, 워 여우 이꺼 원티

---

Conversation

A: 你今天有几门课?

B: 有四门课，下午两点下课。

오늘 수업이 몇 과목이죠?

4과목이요, 오후 2시에 끝나요.

>> 녹음을 듣고 소리내어 읽어볼까요?    《 듣기 》

---

어느 회사에 근무하세요?

## 你在哪个公司工作?

Nǐ zài nǎge gōngsī gōngzuò

니 짜이 나거 꽁쓰 꽁쭈어

---

회사에서 어떤 업무를 담당하세요?

## 你在公司担任什么工作?

Nǐ zài gōngsī dānrèn shénme gōngzuò

니 짜이 꽁쓰 딴런 션머 꽁쭈어

---

평소에 어떻게 출근하세요?

## 你平时怎么上班?

Nǐ píngshí zěnme shàngbān

니 핑스 전머 샹빤

---

출근할 때 시간이 얼마나 걸려요?

## 上班时需要多长时间?

Shàngbān shí xūyào duō cháng shíjiān

샹빤 스 쉬야오 뚜어 창 스지엔

---

지금 근무하는 곳은 어디에요?

## 你现在上班的地方是哪儿?

Nǐ xiànzài shàngbān de dìfāng shì nǎr

니 시엔짜이 샹빤 더 띠팡 스 날

---

하루에 몇 시간씩 일하세요?

## 一天工作几个小时?

Yìtiān gōngzuò jǐge xiǎoshí

이티엔 꽁쭈어 지거 시아오스

---

**Conversation**

A: 你在哪儿工作?

B: 我在银行工作。

어디에서 일하세요?

은행에 근무합니다.

# 직장생활에 대해 말할 때

오늘 저는 야근해야 해요.

## 今天我要加班。

Jīntiān wǒ yào jiābān

찐티엔 워 야오 지아빤

---

이번 휴가는 며칠이에요?

## 这次你休几天?

Zhècì nǐ xiū jǐtiān

쩌츠 니 시우 지티엔

---

오늘도 잔업하세요?

## 今天又加班吗?

Jīntiān yòu jiābān ma

찐티엔 여우 지아빤 마

---

잠시 휴식합시다.

## 暂时休息吧。

Zànshí xiūxī ba

짠스 시우시 바

---

다 했어요?

## 你做完了吗?

Nǐ zuòwánle ma

니 쭈어완러 마

---

아직 다 못했어요.

## 我还没做完。

Wǒ hái méi zuòwán

워 하이 메이 쭈어완

---

Conversation

A: 你这几天是不是很忙?

B: 啊, 这几天公司总加班, 有点儿忙。

요즘 많이 바쁘신가 봐요?

아이고, 요즘 회사에서 야근을 자주해서 조금 바빠요.

# 직업에 대해 말할 때

어떤 일을 하세요?

## 你是做什么工作的?
Nǐ shì zuò shénme gōngzuò de
니 스 쭈어 션머 꽁쭈어 더

---

직업이 어떻게 되세요?

## 你的职业是什么?
Nǐ de zhíyè shì shénme
니 더 즈이에 스 션머

---

어디서 일하세요?

## 你在哪儿工作?
Nǐ zài nǎr gōngzuò
니 짜이 날 꽁쭈어

---

전 자영업자입니다.

## 我是个个体营业者。
Wǒ shì gè gètǐ yíngyèzhě
워 스 꺼 끄어티 잉이에저

---

저는 무역을 하는 사람입니다.

## 我是做贸易的。
Wǒ shì zuò màoyì de
워 스 쭈어 마오이 더

---

저는 노동자입니다.

## 我是工人。
Wǒ shì gōngrén
워 스 꽁런

---

Conversation

A: 我是做生意的。

B: 是吗? 最近买卖怎么样啊?

저는 장사를 하는 사람입니다.
그렇습니까? 요즘 장사는 어때요?

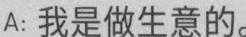

# 우정과 사랑에 대해 말할 때

>> 녹음을 듣고 소리내어 읽어볼까요?　　　　　　　　　　　　<< 듣기 >>

그는 제 친한 친구예요.

## 他是我的好朋友。
Tā shì wǒ de hǎopéngyou
타 스 워 더 하오펑여우

---

우린 친한 친구잖아.

## 我们是好朋友。
Wǒmen shì hǎopéngyǒu
워먼 스 하오펑여우

---

날 어떻게 생각해요?

## 你觉得我怎么样?
Nǐ juéde wǒ zěnmeyàng
니 쥐에더 워 전머양

---

너를 사랑해!

## 我爱你!
Wǒ ài nǐ
워 아이 니

---

사실 널 정말 사랑해.

## 说实话，我是真爱你。
Shuō shíhuà, wǒ shì zhēnài nǐ
수어 스후아, 워 스 쩐아이 니

---

널 무척 좋아해.

## 我非常喜欢你。
Wǒ fēicháng xǐhuan nǐ
워 페이창 시후안 니

---

Conversation

A: 他是你男朋友吗?

B: 我哪儿有男朋友啊。

그 남자가 남자친구니?
내가 남자친구가 어디 있어.

# 결혼에 대해 말할 때

>> 녹음을 듣고 소리내어 읽어볼까요?

<< 듣기 >>

결혼하셨어요?

**你成家了吗?**

Nǐ chéngjiā le ma

니 청지아 러 마

---

결혼한 지 얼마나 됐어요?

**你们结婚多长时间了?**

Nǐmen jiéhūn duō cháng shíjiān le

니먼 지에훈 뚜어 창 스지엔 러

---

저희 결혼식에 와주세요.

**请你参加我们的婚礼。**

Qǐng nǐ cānjiā wǒmen de hūnlǐ

칭 니 찬지아 워먼 더 훈리

---

신혼여행은 어디로 가세요?

**你们去哪儿度蜜月呢?**

Nǐmen qùnǎr dù mìyuè ne

니먼 취날 뚜 미위에 너

---

저 이번에 결혼해요.

**我要结婚了。**

Wǒ yào jiéhūnle

워 야오 지에훈러

---

난 이미 결혼했어요.

**我已经结婚了。**

Wǒ yǐjīng jiéhūnle

워 이징 지에훈러

Conversation

A: 你们俩怎么认识的?

B: 是朋友介绍的。

두 분은 어떻게 만나셨어요?

친구가 소개해줬어요.

# 중국 생활에 대해 말할 때

>> 녹음을 듣고 소리내어 읽어볼까요?

<< 듣기 >>

중국엔 언제 오셨어요?

## 你是什么时候来中国的?

Nǐ shì shénmeshíhòu lái Zhōngguó de

니 스 션머스허우 라이 쫑구어 더

중국에서는 어떻게 지내세요?

## 在中国，过得怎么样?

Zài Zhōngguó, guò de zěnmeyàng

짜이 쫑구어, 꾸어 더 전머양

중국 생활은 어떠세요?

## 在中国生活怎么样?

Zài Zhōngguó shēnghuó zěnmeyàng

짜이 쫑구어 성후어 전머양

몇 년도에 중국에 왔어요?

## 你是哪一年到中国的?

Nǐ shì nǎ yìnián dào Zhōngguó de

니 스 나 이니엔 따오 쫑구어 더

베이징에 얼마나 사셨어요?

## 你在北京住了多久了?

Nǐ zài Běijīng zhùle duōjiǔ le

니 짜이 베이찡 쭈러 뚜어지어우 러

중국 생활하면서 음식은 입에 맞나요?

## 在中国生活，饮食方面习惯吗?

Zài Zhōngguó shēnghuó, yǐnshífāngmiàn xíguàn ma

짜이 쫑구어 성후어, 인스팡미엔 시꾸안 마

Conversation

A: 在中国生活, 饮食方面习惯吗?

B: 我原来就喜欢吃中国菜。

중국 생활하면서 음식은 입에 맞나요?

전 원래 중국음식을 좋아해요.

● 앞에서 배운 대화 내용의 병음입니다. 녹음을 듣고 또박또박 읽어 보세요.

**Unit 01** 개인 신상에 대해 말할 때

A: Qǐngwèn, nǐ jīnnián duō dà le?

B: Wǒ jīnián sānshíwǔsuì le.

**Unit 02** 가족에 대해 말할 때

A: Nǐ jiā yǒu jǐkǒu rén?

B: Wǒjiā yǒu sìkǒu rén.

**Unit 03** 학교에 대해 말할 때

A: Nǐ shì xuéshēng ma?

B: Búshì, wǒ shì gōngsī zhíyuán.

**Unit 04** 학교생활에 대해 말할 때

A: Nǐ jīntiān yǒu jǐ mén kè?

B: Yǒu sì mén kè, xiàwǔ liǎngdiǎn xiàkè.

**Unit 05** 직장에 대해 말할 때

A: Nǐ zài nǎr gōngzuò?

B: Wǒ zài yínháng gōngzuò.

**Unit 06** 직장생활에 대해 말할 때

A: Nǐ zhè jǐtiān shìbushì hěn máng?

B: Ā, zhè jǐ tiān gōngsī zǒng jiābān, yǒudiǎnr máng.

**Unit 07** 직업에 대해 말할 때

A: Wǒ shì zuòshēngyì de.

B: Shìma? Zuìjìn mǎimài zěnmeyàng a?

**Unit 08** 우정과 사랑에 대해 말할 때

A: Tā shì nǐ nánpéngyou ma?

B: Wǒ nǎr yǒu nánpéngyou a.

**Unit 09** 결혼에 대해 말할 때

A: Nǐmen liǎ zěnme rènshi de?

B: Shì péngyou jièshào de.

**Unit 10** 중국 생활에 대해서

A: Zài Zhōngguó shēnghuó, yǐnshífāngmiàn xíguàn ma?

B: Wǒ yuánlái jiù xǐhuan chī Zhōngguócài.

# 04
## PART

基本表达

✿ 만만하게
✿ 눈으로 읽고
✿ 귀로 듣고
✿ 입으로 소리내어 말한다!

# 감정

 << 듣기 >>

축하드립니다.

**祝贺你。**

Zhùhè nǐ

쭈흐어 니

---

축하합니다.

**恭喜。 / 恭喜恭喜。**

Gōngxǐ     Gōngxǐ gōngxǐ

꽁시      꽁시 꽁시

---

저도 축하드립니다.

**同喜，同喜!**

Tóngxǐ, tóngxǐ

통시, 통시

---

생일 축하합니다.

**祝你生日快乐。**

Zhù nǐ shēngrìkuàilè

쭈 니 셩르쿠아이러

---

졸업을 축하합니다.

**恭喜你毕业了。**

Gōngxǐ nǐ bìyèle

꽁시 니 삐이에러

---

취업을 축하드립니다.

**恭喜你找到工作了。**

Gōngxǐ nǐ zhǎodào gōngzuòle

꽁시 니 자오따오 꽁쭈어러

---

**Conversation**

A: 祝贺你!

B: 谢谢。

축하해요.

고마워요.

# 환영할 때

>> 녹음을 듣고 소리내어 읽어볼까요?          << 듣기 >>

환영합니다!

## 欢迎欢迎!

Huānyíng huānyíng

후안잉 후안잉

---

어서오세요!

## 欢迎光临!

Huānyíng guānglín

후안잉 꾸앙린

---

와 주셔서 감사합니다.

## 谢谢您的光临。

Xièxie nín de guānglín

시에시에 닌 더 꾸앙린

---

박수로 환영합니다.

## 我们鼓掌欢迎。

Wǒmen gǔzhǎnghuānyíng

워먼 구장후안잉

---

한국에 오신 것을 환영합니다.

## 欢迎你来韩国访问。

Huānyíng nǐ lái Hánguó fǎngwèn

후안잉 니 라이 한구어 팡원

---

다음에 또 오세요!

## 欢迎下次再来!

Huānyíng xiàcì zài lái

후안잉 시아츠 짜이 라이

---

Conversation

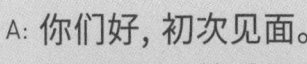

A: 你们好，初次见面。

B: 欢迎欢迎，快请进。

안녕하세요, 처음 뵙겠습니다.

어서 오세요, 들어오세요.

>> 녹음을 듣고 소리내어 읽어볼까요?    《《 듣기 》》

행복하시길 빕니다.
# 祝你们生活幸福!
Zhù nǐmen shēnghuó xìngfú
쭈 니먼 성후어 싱푸

성공을 빌겠습니다.
# 祝你成功。
Zhù nǐ chénggōng
쭈 니 청꽁

잘되길 바랍니다.
# 祝你一切顺利。
Zhù nǐ yíqiè shùnlì
쭈 니 이치에 쑨리

행운이 있기를 바랍니다.
# 祝你好运。
Zhù nǐ hǎoyùn
쭈 니 하오윈

새해 복많이 받으십시오.
# 新年快乐。
Xīnniánkuàilè
신니엔쿠아이러

부자 되세요!
# 恭喜发财!
Gōngxǐfācái
꽁시파차이

Conversation

A: 新年到了, 新的一年开始了。
B: 万事如意, 恭喜发财!

새해가 밝았네요, 새로운 한 해가 시작됐어요.
만사형통하시고 부자 되세요!

 **Unit 04** 기쁘거나 즐거울 때

만세!

# 万岁!
Wànsuì
완쑤에이

정말 기분 좋아요.

# 我真高兴。
Wǒ zhēn gāoxìng
워 쩐 까오싱

너무 행복해요.

# 我太幸福了。
Wǒ tài xìngfú le
워 타이 싱푸 러

오늘 무척 기뻐요.

# 今天我很高兴。
Jīntiān wǒ hěngāoxing
찐티엔 워 흐언까오싱

오늘 아주 신나게 놀았어요.

# 今天玩儿得很愉快。
Jīntiān wánr de hěn yúkuài
찐티엔 왈 더 흐언 위쿠아이

만족해요.

# 我很满意。
Wǒ hěn mǎnyì
워 흐언 만이

**Conversation**

A: 好玩儿吗?

B: 玩儿得很痛快!

재미있었어요?
정말 재미있었어요.

>> 녹음을 듣고 소리내어 읽어볼까요? 《 듣기 》

대단해요!

**真棒!**

Zhēn bàng

쩐 빵

멋지네요!

**太壮观了!**

Tài zhuàngguān le

타이 주앙꾸안 러

너무 재미있네요!

**真有意思!**

Zhēn yǒuyìsi

쩐 여우이쓰

너무 맛있네요!

**太好吃了!**

Tāi hǎochī le

타이 하오츠 러

정말 잘했어요.

**你干得真好。**

Nǐ gàn de zhēnhǎo

니 깐 더 쩐하오

정말 대단하네요.

**你真了不起!**

Nǐ zhēn liǎobuqǐ

니 쩐 리아오부치

Conversation

A: 你说汉语说得真好。

B: 你过奖了，还差得远啊。

중국어를 정말 잘하시네요.

과찬이세요, 아직 부족한걸요.

# 후회하거나 실망할 때

>> 녹음을 듣고 소리내어 읽어볼까요?

<< 듣기 >>

정말 실망이에요.

## 真让人失望。

Zhēn ràng rén shīwàng

쩐 랑 런 스왕

후회가 막심해요.

## 真是后悔莫及啊。

Zhēnshì hòuhuǐmòjí a

쩐스 허우후에이모지 아

이젠 너무 늦었어요.

## 现在已经太晚了。

Xiànzài yǐjīng tài wán le

시엔짜이 이징 타이 완 러

당신한테 너무 실망했어요.

## 我对你太失望了。

Wǒ duì nǐ tài shīwàng le

워 뚜에이 니 타이 스왕 러

낙담하지 말아요.

## 不要气馁。

Búyào qìněi

부야오 치네이

실망하지 마세요.

## 别失望。

Bié shīwàng

비에 스왕

Conversation

A: 这次又失败了, 真惭愧。

B: 别太失望了, 还会有机会的。

이번에도 실패했어요, 정말 부끄러워요.

너무 실망하지 말아요, 또 기회가 있을 거예요.

정말 열 받네!

# 真气人!

Zhēn qì rén

쩐 치 런

---

정말 화가 나 미치겠어!

# 真气死了!

Zhēn qì sǐle

쩐 치 쓰러

---

난 더 이상 못 참아.

# 我受够了。

Wǒ shòu gòule

워 셔우 꺼우러

---

아직도 나한테 화났어요?

# 你还生我的气吗?

Nǐ hái shēng wǒ de qì ma

니 하이 셩 워 더 치 마

---

화내지 마세요.

# 别生气了。

Bié shēngqì le

비에 셩치 러

---

화 좀 풀어요.

# 你消消气吧。

Nǐ xiāoxiaoqì ba

니 시아오시아오치 바

---

Conversation

A: 请你不要惹我生气。

B: 你怎么向我发脾气?

날 화나게 하지 마세요.

왜 오히려 저한테 화를 내세요?

# 슬프거나 외로울 때

>> 녹음을 듣고 소리내어 읽어볼까요?

<< 듣기 >>

슬퍼요.
## 我很悲哀。
Wǒ hěn bēi'āi
워 흐언 뻬이아이

속상해서 울고 싶어요.
## 我伤心得要哭了。
Wǒ shāngxīn de yào kūle
워 샹신 더 야오 쿠러

마음이 아프네요.
## 我心里很难受。
Wǒ xīnli hěn nánshòu
워 신리 흐언 난셔우

정말 슬퍼요.
## 心里好难过。
Xīnli hǎo nánguò
신리 하오 난꾸어

외로워요.
## 很寂寞。
Hěn jìmò
흐언 지모어

너무 상심하지 마세요.
## 你不要太伤心吧。
Nǐ búyào tài shāngxīn ba
니 부야오 타이 샹신 바

Conversation

A: 你到底怎么了？
B: 昨天我们分手了，心里真难受。

도대체 무슨 일이니?
어제 우리 헤어지기로 했어. 마음이 힘드네.

>> 녹음을 듣고 소리내어 읽어볼까요?    << 듣기 >>

맙소사!

# 我的天啊!

Wǒ de tiān a

워 더 티엔 아

오, 안 돼!

# 噢，不行!

Ō, bùxíng

오, 뿌싱

아, 정말 끔찍해요!

# 唷，真恐怖!

Yō, Zhēn kǒngbù

요, 쩐 콩뿌

놀랍군요!

# 真惊人!

Zhēn jīngrén

쩐 찡런

무서워요.

# 我害怕。

Wǒ hàipà

워 하이파

무서워하지 마요!

# 别怕，不要怕!

Bié pà, búyào pà

비에 파, 부야오 파

Conversation

A: 哟, 吓死了!

B: 怎么样, 吓着了吧?

아이, 깜짝이야!

어때, 놀랐지?

## Unit 10 좋아하거나 싫어할 때

>> 녹음을 듣고 소리내어 읽어볼까요?

《《 듣기 》》

---

어떤 운동을 좋아해요?

### 你喜欢什么运动?

Nǐ xǐhuan shénme yùndòng

니 시후안 션머 윈똥

---

어떤 날씨를 좋아하세요?

### 你喜欢什么季节?

Nǐ xǐhuan shénme jìjié

니 시후안 션머 지지에

---

전 음악 듣는 걸 좋아해요.

### 我喜欢听音乐。

Wǒ xǐhuan tīng yīnyuè

워 시후안 팅 인위에

---

전 운동에 흥미가 없어요.

### 我对运动不感兴趣。

Wǒ duì yùndòng bù gǎnxìngqù

워 뚜에이 윈똥 뿌 간싱취

---

난 그이를 좋아하지 않아요.

### 我不喜欢他。

Wǒ bù xǐhuan tā

워 뿌 시후안 타

---

난 춤추는 걸 무척 싫어해요.

### 我最讨厌跳舞。

Wǒ zuì táoyàn tiàowǔ

워 쭈에이 타오이엔 티아오우

---

Conversation

A: 你喜欢看什么类型的电影?

B: 我喜欢功夫片。

어떤 영화를 좋아하세요?

무술영화를 좋아해요.

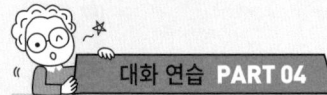 

● 앞에서 배운 대화 내용의 병음입니다. 녹음을 듣고 또박또박 읽어 보세요.

Unit 01 축하할 때

A: Zhùhè nǐ!

B: Xièxie.

Unit 02 환영할 때

A: Nǐmen hǎo, chūcì jiànmiàn.

B: Huānyíng huānyíng, kuài qǐngjìn.

Unit 03 행운을 빌 때

A: Xīnnián dàole, xīn de yìnián kāishǐle.

B: Wànshìrúyì, gōngxǐfācái!

Unit 04 기쁘거나 즐거울 때

A: Hǎowán ma?

B: Wánr de hěn tòngkuài!

Unit 05 감탄하거나 칭찬할 때

A: Nǐ shuō Hànyǔ shuō de zhēnhǎo.

B: Nǐ guòjiǎngle, hái chà de yuǎn a.

Unit 06 후회하거나 실망할 때

A: Zhècì yòu shībàile, zhēn cánkuì.

B: Bié tài shīwàng le, hái huì yǒu jīhuì de.

Unit 07 화날 때

A: Qǐng nǐ búyào rě wǒ shēngqì.

B: Nǐ zěnme xiàng wǒ fāpíqi?

Unit 08 슬프거나 외로울 때

A: Nǐ dàodǐ zěnme le?

B: Zuótiān wǒmen fēnshǒule, xīnli zhēn nánshòu.

Unit 09 놀랍거나 무서울 때

A: Yō, xià sǐle!

B: Zěnmeyàng, xiàzháo le ba?

Unit 10 좋아하거나 싫어할 때

A: Nǐ xǐhuan kàn shénme lèixíng de diànyǐng?

B: Wǒ xǐhuan gōngfupiàn.

# PART 05

基本表达

✿ 만만하게
✿ 눈으로 읽고
✿ 귀로 듣고
✿ 입으로 소리내어 말한다!

화제

# 건강에 대해 말할 때

>> 녹음을 듣고 소리내어 읽어볼까요?

<< 듣기 >>

건강은 어떠세요?

## 你身体好吗?

Nǐ shēntǐ hǎo ma

니 션티 하오 마

안색이 안 좋아 보여요.

## 我看你脸色不好。

Wǒ kàn nǐ liǎnsè bùhǎo

워 칸 니 리엔써 뿌하오

요 며칠 몸이 좋지 않아요.

## 这几天身体不太舒服。

Zhè jǐtiān shēntǐ bú tài shūfu

쩌 지티엔 션티 부 타이 수푸

건강보다 중요한 게 없어요.

## 没有比健康更重要的。

Méiyǒu bǐ jiànkāng gèngzhòngyào de

메이여우 비 지엔캉 끄엉쫑야오 더

좀 쉬도록 하세요.

## 休息休息吧。

Xiūxixiūxi ba

시우시시우시 바

빨리 건강을 회복하세요.

## 祝你早日恢复健康。

Zhù nǐ zǎorìhuīfù jiànkāng

쭈 니 자오르후에이푸 지엔캉

---

Conversation

A: 最近你身体好吗?

B: 还行。

요즘 건강은 어떠세요?

괜찮습니다.

# 성격에 대해 말할 때

>> 녹음을 듣고 소리내어 읽어볼까요?

**<< 듣기 >>**

---

그이는 성격이 어때요?

## 他的性格怎么样?

Tā de xìnggé zěnmeyàng

타 더 싱거 전머양

---

제 성격은 약간 내성적이에요.

## 我的性格有点儿内向。

Wǒ de xìnggé yǒudiǎnr nèixiàng

워 더 싱거 여우디알 네이시앙

---

그녀의 성격은 정말 이상해요.

## 她的脾气真奇怪。

Tā de píqì zhēn qíguài

타 더 피치 쩐 치꾸아이

---

저는 쾌활한 편입니다.

## 我这个人比较开朗。

Wǒ zhège rén bǐjiào kāilǎng

워 쩌거 런 비지아오 카이랑

---

그는 뒤끝이 없는 사람이야.

## 他是个不记仇的人。

Tā shì ge bú jìchóu de rén

타 스 거 부 지처우 더 런

---

넌 성격이 정말 까다롭구나.

## 你的性格可真乖僻呀。

Nǐ de xìnggé kě zhēn guāipì ya

니 더 싱거 크어 쩐 꾸아이피 야

---

**Conversation**

A: 我看那个小伙子心眼儿不错。

B: 我也这么觉得。

제가 보기엔 저 친구가 마음씨가 좋을 것 같아요.

저도 그렇게 생각되어요.

>> 녹음을 듣고 소리내어 읽어볼까요?

 듣기

그 사람 됨됨이는 어때요?

**他的为人怎么样?**

Tā de wéirén zěnmeyàng

타 더 웨이런 전머양

---

모두 그 사람을 좋아해요.

**大家都喜欢他。**

Dàjiā dōu xǐhuan tā

따지아 떠우 시후안 타

---

저 사람은 정말 믿을만해요.

**那个人真可靠。**

Nàge rén zhēn kěkǎo

나거 런 쩐 크어카오

---

그 사람은 대단히 성실해요.

**他工作非常认真。**

Tā gōngzuò fēicháng rènzhēn

타 꽁쭈어 페이창 런쩐

---

그 사람은 안하무인이야.

**他目中无人。**

Tā mùzhōngwúrén

타 무쫑우런

---

그 사람은 예의가 전혀 없는 사람이야.

**他是一点儿也没有礼貌的人。**

Tā shì yìdiǎnr yě méiyǒu lǐmào de rén

타 스 이디알 이에 메이여우 리마오 더 런

---

Conversation

A: 他的为人怎么样?

B: 他很老实, 工作也非常认真。

그 사람 됨됨이는 어때요?

성실하고 일도 열심히 해요.

# 외모에 대해 말할 때

>> 녹음을 듣고 소리내어 읽어볼까요?

<< 듣기 >>

키가 어떻게 되죠?

## 你身高有多高?

Nǐ shēngāo yǒu duō gāo

니 션까오 여우 뚜어 까오

몸무게가 어떻게 되죠?

## 体重是多少?

Tǐzhòng shì duōshao

티쫑 스 뚜어샤오

정말 부러워요, 그렇게 날씬하다니!

## 真羡慕你，那么苗条!

Zhēn xiànmù nǐ, nàme miáotiao

쩐 시엔무 니, 나머 미아오티아오

그녀는 정말 예쁘군요!

## 她真漂亮啊!

Tā zhēn piāoliàng a

타 쩐 피아오리앙 아

그 사람은 어떻게 생겼어요?

## 他长得怎么样?

Tā zhǎng de zěnmeyàng

타 장 더 전머양

외모는 별로 중요하지 않아요.

## 外貌不怎么重要的。

Wàimào bù zěnme zhòngyào de

와이마오 뿌 전머 쫑야오 더

**Conversation**

A: 你喜欢什么样的男人?

B: 我喜欢又高又帅, 人品又好的男人。

어떤 남자를 좋아하죠?

키 크고 잘생기고 인품도 좋은 남자가 좋아요.

# 패션에 대해 말할 때

>> 녹음을 듣고 소리내어 읽어볼까요?

<< 듣기 >>

---

이런 스타일이 제게 어울려요?

## 这种款式适合我吗?

Zhèzhǒng kuǎnshì shìhé wǒ ma

쩌종 쿠안스 스흐어 워 마

---

당신은 뭘 입어도 잘 어울리네요.

## 你穿什么都很合适。

Nǐ chuān shénme dōu hěn héshì

니 추안 션머 떠우 흐언 흐어스

---

전 옷차림에 신경을 써요.

## 我穿衣服很讲究。

Wǒ chuān yīfu hěn jiǎngjiu

워 추안 이푸 흐언 지앙지어우

---

오늘 정말 멋진데요.

## 你今天真是太潇洒了。

Nǐ jīntiān zhēnshì tài xiāosǎ le

니 찐티엔 쩐스 타이 시아오싸 러

---

요즘은 어떤 스타일이 유행이죠?

## 最近流行什么样式的?

Zuìjìn liúxíng shénme yàngshì de

쭈에이진 리우싱 션머 이앙스 더

---

이게 지금 유행하는 패션입니다.

## 这是现在流行的时装。

Zhè shì xiànzài liúxíng de shízhuāng

쩌 스 시엔짜이 리우싱 더 스주앙

---

**Conversation**

A: 这种款式适合我吗?

B: 还可以, 挺合适的。

이런 스타일이 제게 어울리나요?

괜찮아요, 아주 잘 어울려요.

>> 녹음을 듣고 소리내어 읽어볼까요? 《《 듣기 》》

지금 몇 시죠?

**现在几点?**

Xiànzài jǐdiǎn

시엔짜이 지디엔

몇 시에 출근하세요?

**你几点上班?**

Nǐ jǐdiǎn shàngbān

니 지디엔 샹빤

언제 돌아오세요?

**什么时候回来?**

Shénmeshíhou huílái

션머스허우 후에이라이

몇 시에 올 거예요?

**你几点过来?**

Nǐ jǐdiǎn guòlái?

니 지디엔 꾸어라이

시간이 얼마나 걸려요?

**需要多长时间?**

Xūyào duō cháng shíjiān

쉬야오 뚜어 창 스지엔

시간 있으세요?

**你有空吗?**

Nǐ yǒukòng ma

니 여우콩 마

---

Conversation

A: 请问，现在几点?

B: 差五分十二点。

말씀 좀 여쭐게요, 지금 몇 시죠?

12시 5분 전입니다.

>> 녹음을 듣고 소리내어 읽어볼까요?　　《《 듣기 》》

오늘은 며칠이죠?

# 今天几月几号?

Jīntiān jǐ yuè jǐ hào

찐티엔 지 위에 지 하오

---

오늘은 무슨 요일이에요?

# 今天星期几?

Jīntiān xīngqī jǐ

찐티엔 싱치 지

---

당신 생일은 몇 월 며칠이죠?

# 你的生日是几月几号?

Nǐ de shēngrì shì jǐ yuè jǐ hào

니 더 셩르 스 지 위에 지 하오

---

다음 주말에 시간 있어요?

# 下个周末你有空吗?

Xiàgè zhōumò nǐ yǒukōng ma

시아꺼 쩌우모어 니 여우콩 마

---

몇 년도에 태어나셨어요?

# 你是哪一年出生的?

Nǐ shì nǎ yìnián chūshēng de

니 스 나 이니엔 추셩 더

---

오늘은 무슨 날이에요?

# 今天是什么日子?

Jīntiān shì shénme rìzi

찐티엔 스 션머 르즈

---

Conversation

A: 今天是几月几号?

B: 今天是十月一号。

오늘 몇 월 며칠이니?

오늘 10월 1일이야.

>> 녹음을 듣고 소리내어 읽어볼까요? << 듣기 >>

오늘 날씨 어때요?

# 今天天气怎么样?

Jīntiān tiānqì zěnmeyàng

찐티엔 티엔치 전머양

---

날씨 참 좋죠?

# 今天天气真好, 是吧?

Jīntiān tiānqì zhēnhǎo, shì ba

찐티엔 티엔치 쩐하오, 스 바

---

오늘 날씨는 정말 안 좋아요.

# 今天天气真不好。

Jīntiān tiānqì zhēn bùhǎo

찐티엔 티엔치 쩐 뿌하오

---

오늘은 비가 내릴까요?

# 今天有雨吗?

Jīntiān yǒu yǔ ma

찐티엔 여우 위 마

---

밖에 바람이 세차게 불어요.

# 外边刮大风呢。

Wàibiān guā dàfēng ne

와이삐엔 꾸아 따펑 너

---

오늘 일기예보에선 뭐라던가요?

# 今天的天气预报怎么说?

Jīntiān de tiānqìyùbào zěnmeshuō

찐티엔 더 티엔치위빠오 전머수어

---

Conversation

A: 你喜欢这种天气吗?

B: 我不太喜欢这种干燥的天气。

어떤 날씨를 좋아해요?

이런 건조한 날씨는 싫어요.

>> 녹음을 듣고 소리내어 읽어볼까요?   <<  듣기  >>

당신은 어느 계절을 가장 좋아하세요?

## 你喜欢哪个季节?

Nǐ xǐhuan nǎge jìjié

니 시후안 나거 찌지에

드디어 봄이 왔어요.

## 春天终于到了。

Chūntiān zhōngyú dàole

춘티엔 쫑위 따오러

봄에는 날씨가 어때요?

## 春天天气怎么样?

Chūntiān tiānqì zěnmeyàng

춘티엔 티엔치 전머양

여름은 아주 더워요.

## 夏天很热。

Xiàtiān hěn rè

시아티엔 흐언 르어

가을 날씨는 아주 시원해요.

## 秋天的天气很凉爽。

Qiūtiān de tiānqì hěn liángshuǎng

치우티엔 더 티엔치 흐언 리앙수앙

올 겨울은 너무 추워요.

## 今年冬天很冷。

Jīnniándōngtiān hěn lěng

찐니엔똥티엔 흐언 렁

Conversation

A: 你喜欢哪个季节?

B: 我喜欢秋天。

당신은 어느 계절을 좋아하세요?

전 가을을 좋아해요.

# Unit 10 음주와 흡연에 대해 말할 때

>> 녹음을 듣고 소리내어 읽어볼까요?　　　《 듣기 》》

---

평소에 어느 정도 마셔요?

## 你一般喝多少?

Nǐ yìbān hē duōshao

니 이빤 흐어 뚜어샤오

---

전 술을 별로 안 마셔요.

## 我酒量不好。

Wǒ jiǔliàng bùhǎo

워 지어우리앙 뿌하오

---

전 한 잔만 마셔도 얼굴이 빨개져요.

## 我一喝酒就脸红。

Wǒ yì hējiǔ jiù lián hóng

워 이 흐어지어우 지어우 리엔 홍

---

술을 못 이겨요.

## 不胜酒力。

Búshèngjiǔlì

부셩지어우리

---

여기서 담배를 피워도 괜찮습니까?

## 这里可以抽烟吗?

Zhèli kěyǐ chōuyān ma

쩌리 크어이 처우이엔 마

---

전 술 담배를 할 줄 몰라요.

## 我不会抽烟喝酒。

Wǒ búhuì chōuyānhējiǔ

워 부후에이 처우이엔흐어지어우

---

Conversation

A: 你今天怎么不喝酒?

B: 我把酒戒了。

너 오늘 왜 술을 마시지 않니?

나 이제 술을 끊었어.

● 앞에서 배운 대화 내용의 병음입니다. 녹음을 듣고 또박또박 읽어 보세요.

**Unit 01** 건강에 대해 말할 때

A: Zuìjìn nǐ shēntǐ hǎo ma?
B: Hái xíng.

**Unit 02** 성격에 대해 말할 때

A: Wǒ kàn nàge xiǎohuǒzi
xīnyǎnr búcuò.
B: Wǒ yě zhème juéde.

**Unit 03** 태도에 대해 말할 때

A: Tā de wéirén zěnmeyàng?
B: Tā hěn lǎoshi, gōngzuò yě
fēicháng rènzhēn.

**Unit 04** 외모에 대해 말할 때

A: Nǐ xǐhuan shénmeyàng de
nánrén?
B: Wǒ xǐhuan yòugāoyòushuài,
rénpǐn yòu hǎo de nánrén.

**Unit 05** 패션에 대해 말할 때

A: Zhèzhǒng kuǎnshì shìhé wǒ
ma?
B: Hái kěyǐ, tǐng héshì de.

**Unit 06** 시간에 대해 말할 때

A: Qǐngwèn, xiànzài jǐdiǎn?
B: Chà wǔfēn shí'èrdiǎn.

**Unit 07** 날짜와 요일에 대해 말할 때

A: Jīntiān shì jǐ yuè jǐ hào?
B: Jīntiān shì shíyuè yī hào.

**Unit 08** 날씨에 대해 말할 때

A: Nǐ xǐhuan zhèzhǒng tiānqì
ma?
B: Wǒ bú tài xǐhuan zhèzhǒng
gānzào de tiānqì.

**Unit 09** 계절에 대해 말할 때

A: Nǐ xǐhuān nǎgè jìjié?
B: Wǒ xǐhuān qiūtiān.

**Unit 10** 음주와 흡연에 대해 말할 때

A: Nǐ jīntiān zěnme bù hējiǔ?
B: Wǒ bǎ jiǔ jièle.

# 06 PART

基本表达

✿ 만만하게
✿ 눈으로 읽고
✿ 귀로 듣고
✿ 입으로 소리내어 말한다!

# 취미와 여가

## Unit 01 취미에 대해 말할 때

어떤 취미를 가지고 계십니까?

### 你有什么爱好?

Nǐ yǒu shénme àihǎo

니 여우 션머 아이하오

---

제 취미는 음악감상이에요.

### 我对欣赏音乐感兴趣。

Wǒ duì xīnshǎng yīnyuè gǎnxìngqù

워 뚜에이 신샹 인위에 간싱취

---

그건 내 취미에 맞지 않아요.

### 这个不合我口味。

Zhège bùhé wǒ kǒuwèi

쩌거 뿌흐어 워 커우웨이

---

여가시간에 어떤 취미가 있으세요?

### 您业余时间有什么爱好?

Nín yèyúshíjiān yǒu shénme àihào

닌 이에위스지엔 여우 션머 아이하오

---

왜 흥미를 느끼시죠?

### 你对什么感兴趣呢?

Nǐ duì shénme gǎnxìngqù ne

니 뚜에이 션머 간씽취 너

---

저의 취미는 다양해요.

### 我的兴趣很广泛。

Wǒ de xīngqù hěn guǎngfàn

워 더 씽취 흐언 구앙판

---

**Conversation**

A: 你丈夫的爱好是什么?

B: 他对钓鱼产生了兴趣。你丈夫呢?

남편의 취미는 뭐니?

그이는 낚시에 취미를 가지게 되었어. 네 남편은?

# 여가에 대해 말할 때

>> 녹음을 듣고 소리내어 읽어볼까요?   《‹ 듣기 ››

주말에는 주로 무얼 하세요?

## 周末主要干什么?

Zhōumò zhǔyào gānshénme

쩌우모어 주야오 깐션머

여가를 어떻게 보내세요?

## 你怎么打发闲暇?

Nǐ zěnme dǎfa xiánxiá

니 전머 다파 시엔시아

기분전환으로 무얼 하세요?

## 你用什么转换心情?

Nǐ yòng shénme zhuǎnhuàn xīnqíng

니 용 션머 주안후안 신칭

평소 어떤 일을 하면서 시간을 보내세요?

## 平时你做什么打发时间?

Píngshí nǐ zuòshénme dǎfashíjiān

핑스 니 쭈어션머 다파스지엔

일과 후에 무엇을 하세요?

## 工作之余干什么?

Gōngzuò zhīyú gànshénme

꽁쭈어 쯔위 깐션머

등산 좋아하세요?

## 你喜欢爬山吗?

Nǐ xǐhuan páshān ma

니 시후안 파샨 마

Conversation

A: 周末到了，你有什么打算?
B: 我想跟家人一起去爬山。

주말인데 무슨 계획이 있어요?
가족들과 함께 등산갈 생각이에요.

# 오락에 대해 말할 때

**》 녹음을 듣고 소리내어 읽어볼까요?** 《《 **듣기** 》》

이 근처에 가라오케는 있어요?

## 这附近有卡拉OK吗?

Zhè fùjìn yǒu kǎlaOK ma

쩌 푸진 여우 카라오케 마

한국 노래를 할 줄 아세요?

## 你会唱韩国歌吗?

Nǐ huì chàng Hánguó gē ma

니 후에이 창 한구어 끄어 마

무슨 노래를 부르시겠어요?

## 你唱什么歌?

Nǐ chàng shénme gē

니 창 션머 끄어

당신이 선곡하세요?

## 你来选歌吧?

Nǐ lái xuǎn gē ba

니 라이 쉬엔 끄어 바

함께 춤을 출까요?

## 可以和我跳个舞么?

Kěyǐ hé wǒ tiàogèwǔ me

크어이 흐어 워 티아오꺼우 머

마작 할 줄 아세요?

## 你会打麻将吗?

Nǐ huì dǎ májiàng ma

니 후에이 다 마지앙 마

---

**Conversation**

A: 你先唱一首吧。

B: 我唱得不好听。

노래 한 곡 해봐!

안 돼. 난 노래 못해.

# 책과 신문잡지에 대해 말할 때

 듣기

책을 많이 읽으세요?

## 看得多吗?

Kàn de duō ma

칸 더 뚜어 마

이 책 읽어 봤어요?

## 你读过这本书吗?

Nǐ dú guo zhèběnshū ma

니 두 구어 쩌번수 마

어떤 책을 즐겨 읽으세요?

## 你喜欢读什么样的书?

Nǐ xǐhuan dú shénmeyàng de shū

니 시후안 두 션머양 더 수

좋아하는 작가는 누구세요?

## 你喜欢的作家是谁?

Nǐ xǐhuan de zuòjiā shì shuí

니 시후안 더 쭈어지아 스 수에이

무슨 신문을 보세요?

## 你看什么报纸?

Nǐ kàn shénme bàozhǐ

니 칸 션머 빠오즈

집에서 자동차 잡지를 구독해 보고 있어요.

## 家里订阅汽车杂志。

Jiāli dìngyuè qìchē zázhì

지아리 딩위에 치처 자쯔

Conversation

A: 你喜欢读什么样的书?

B: 我喜欢在地铁上读小说。

어떤 책을 즐겨 읽으십니까?

저는 지하철에서 소설을 즐겨 봅니다.

# 음악에 대해 말할 때

듣기

어떤 음악을 가장 좋아하십니까?

## 你最爱听什么样的音乐?

Nǐ zuì ài tīng shénmeyàng de yīnyuè

니 쭈에이 아이 팅 션머양 더 인위에

---

이 음악은 내가 좋아하는 타입이에요.

## 这首音乐是我喜欢的类型。

Zhè shǒu yīnyuè shì wǒ xǐhuān de lèixíng

쩌 셔우 인위에 스 워 시후안 더 레이싱

---

그는 이 음악에 흠뻑 빠졌어요.

## 她被这首音乐完全迷住了。

Tā bèi zhè shǒu yīnyuè wánquán mízhùle

타 베이 쩌 셔우 인위에 완취엔 미쭈러

---

클래식음악을 좋아해요, 대중가요를 좋아해요?

## 你喜欢古典音乐还是流行歌曲?

Nǐ xǐhuan gǔdiǎnyīnyuè háishì liúxínggēqǔ

니 시후안 구디엔인위에 하이스 리우씽끄어취

---

당신은 음악회에 자주 가세요?

## 你常去听音乐会吗?

Nǐ chángqù tīng yīnyuèhuì ma

니 창취 팅 인위에후에이 마

---

당신은 한국 대중음악을 좋아하세요?

## 你喜欢韩国流行歌曲?

Nǐ xǐhuan Hánguó liúxíngēqǔ

니 시후안 한구어 리우싱끄어취

---

Conversation

A: 你喜欢看演唱会吗?

B: 我很喜欢看。

너 콘서트 좋아하니?

너무 좋아해.

>> 녹음을 듣고 소리내어 읽어볼까요? 《 듣기 》

난 이 그림이 너무 좋아요.

## 我好喜欢这幅画。

Wǒ hǎo xǐhuan zhè fú huà

워 하오 시후안 쩌 푸 후아

저 유화는 작가가 누군가요?

## 那幅油画的作者是谁?

Nà fú yóuhuà de zuòzhě shì shuí

나 푸 여우후아 더 쭈어저 스 수에이

이 작품은 어느 시대의 것이죠?

## 这个作品是哪个时代的?

Zhège zuòpǐn shì nǎge shídài de

쩌거 쭈어핀 스 나거 스따이 더

이 작품은 정말 아름답네요.

## 这个作品真是太美了。

Zhège zuòpǐn zhēnshì tài měi le

쩌거 쭈어핀 쩐스 타이 메이 러

저는 미술품 수집을 좋아해요.

## 我喜欢搜集美术品。

Wǒ xǐhuān sōují měishùpǐn

워 시후안 써우지 메이수핀

그림을 아주 잘 그리시군요.

## 你画得真好。

Nǐ huà de zhēnhǎo

니 후아 더 쩐하오

**Conversation**

A: 看完画展后，有什么感想?

B: 可是我一幅也看不懂。

전시회를 본 소감이 어때요?

하나도 이해하지 못하겠던걸요.

>> 녹음을 듣고 소리내어 읽어볼까요?   << 듣기 >>

어떤 텔레비전 프로그램을 좋아하세요?

### 你喜欢哪些电视节目?
Nǐ xǐhuan nǎxiē diànshìjiémù
니 시후안 나시에 띠엔스지에무

매일 저녁 텔레비전을 보시나요?

### 你每天晚上都看电视吗?
Nǐ měitiān wǎnshang dōu kàn diànshì ma
니 메이티엔 완샹 떠우 칸 띠엔스 마

전 드라마를 좋아하거든요.

### 我很喜欢电视剧。
Wǒ hěn xǐhuan diànshìjù
워 흐언 시후안 띠엔스쥐

오늘 저녁에는 무슨 프로그램이 있나요?

### 今晚播放什么节目?
Jīnwǎn bōfàng shénme jiémù
찐완 뽀어팡 션머 지에무

지금 방송하고 있는 프로그램은 뭐죠?

### 现在电视播的是什么?
Xiànzài diànshì bō de shì shénme
시엔짜이 띠엔스 뽀어 더 스 션머

어젯밤 텔레비전 영화 어땠어요?

### 昨晚的电视电影怎么样?
Zuówǎn de diànshì diànyǐng zěnmeyàng
쭈어완 더 띠엔스 띠엔잉 전머양

Conversation

A: 今晚播放什么节目?

B: 有电视连续剧《星星在我心》。

오늘 저녁 어떤 프로그램이 방송되나요?
드라마 <별은 내 가슴에>가 있어요.

# 영화에 대해 말할 때

>> 녹음을 듣고 소리내어 읽어볼까요?  <<< 듣기 >>

영화 좋아하세요?

## 你喜欢看电影吗?

Nǐ xǐhuan kàn diànyǐng ma

니 시후안 칸 띠엔잉 마

---

좋아하는 영화배우는 누구죠?

## 你最喜欢的影星是谁?

Nǐ zuì xǐhuan de yǐngxīng shì shuí

니 쭈에이 시후안 더 잉싱 스 수에이

---

영화는 몇 시에 시작하죠?

## 电影几点开始演?

Diànyǐng jǐdiǎn kāishǐ yǎn

띠엔잉 지디엔 카이스 이엔

---

중국 영화를 좋아하세요?

## 你喜欢中国电影吗?

Nǐ xǐhuān zhōngguódiànyǐng ma

니 시후안 쭝구어띠엔잉 마

---

자주 영화 보러 가세요?

## 你常去看电影吗?

Nǐ chángqù kàn diànyǐng ma

니 창취 칸 띠엔잉 마

---

영화 보러 갈래요?

## 去看电影吗?

Qù kàn diànyǐng ma

취 칸 띠엔잉 마

---

Conversation

A: 你喜欢看电影吗?

B: 是，我真喜欢看电影。

영화 좋아하세요?

예, 전 영화 보는 것을 무척 좋아해요.

어떤 운동을 좋아하세요?

## 你喜欢什么运动?

Nǐ xǐhuan shénme yùndòng

니 시후안 션머 윈뚱

---

난 운동을 좋아해요.

## 我很喜欢运动。

Wǒ hěn xǐhuān yùndòng

워 흐언 시후안 윈뚱

---

난 운동을 별로 안 좋아해요.

## 我不太喜欢运动。

Wǒ bú tài xǐhuan yùndòng

워 부 타이 시후안 윈뚱

---

어떤 운동을 할 줄 아세요?

## 你会做什么运动?

Nǐ huì zuò shénme yùndòng

니 후에이 쭈어 션머 윈뚱

---

운동선수이세요?

## 你是运动员吗?

Nǐ shì yùndòngyuán ma

니 스 윈뚱위엔 마

---

하루에 운동은 얼마나 하세요?

## 你一天运动量多少?

Nǐ yìtiān yùndòngliáng duōshǎo

이 이티엔 윈뚱리앙 뚜어샤오

---

Conversation

A: 你喜欢打高尔夫球吗?

B: 喜欢是喜欢, 不过打得不太好。

골프를 좋아하십니까?

좋아하긴 하는데 잘 못 칩니다.

# 식욕과 맛에 대해 말할 때

>> 녹음을 듣고 소리내어 읽어볼까요?  «« 듣기 »»

이건 맛이 어때요?

## 这个味道怎么样?

Zhège wèidào zěnmeyàng

쩌거 웨이따오 전머양

맛 좀 봐요, 맛이 어때요?

## 你尝尝看，味道怎么样?

Nǐ chángchang kàn, wèidào zěnmeyàng

니 창창 칸, 웨이따오 전머양

맛있어요.

## 很好吃。

Hěn hǎochī

흐언 하오츠

전 먹는 걸 안 가려요.

## 我不挑食。

Wǒ bù tiāoshí

워 뿌 티아오스

매운 음식 좋아하세요?

## 你喜欢吃辣吗?

Nǐ xǐhuan chī là ma

니 시후안 츠 라 마

오늘 음식은 별로예요.

## 今天没有什么菜。

Jīntiān méiyǒu shénme cài

찐티엔 메이여우 션머 차이

Conversation

A: 味道怎么样, 还合你口味吗?

B: 太咸了, 你放了多少盐!

맛이 어때요? 입맛에 맞아요?

너무 짜요, 소금을 얼마나 넣은 거야!

● 앞에서 배운 대화 내용의 병음입니다. 녹음을 듣고 또박또박 읽어 보세요.

**Unit 01** 취미에 대해 말할 때

A: Nǐ zhàngfu de àihào shì shénme?

B: Tā duì diàoyú chǎnshēngle xìngqù. Nǐ zhàngfu ne?

**Unit 02** 여가에 대해 말할 때

A: Zhōumò dàole, nǐ yǒu shénme dǎsuàn?

B: Wǒ xiǎng gēn jiārén yìqǐ qù páshān.

**Unit 03** 오락에 대해 말할 때

A: Nǐ xiān chàng yìshǒu ba.

B: Wǒ chàng de bù hǎotīng.

**Unit 04** 책과 신문잡지에 대해 말할 때

A: Nǐ xǐhuan dú shénmeyàng de shū?

B: Wǒ xǐhuan zài dìtiě shàng dú xiǎoshuō.

**Unit 05** 음악에 대해 말할 때

A: Nǐ xǐhuan kàn yǎnchànghuì ma?

B: Wǒ hěn xǐhuan kàn.

**Unit 06** 그림에 대해 말할 때

A: Kànwán huàzhǎn hòu, yǒu shénme gǎnxiǎng?

B: Kěshì wǒ yìfú yě kàn bùdǒng.

**Unit 07** 텔레비전에 대해 말할 때

A: Jīnwǎn bōfàng shénme jiémù?

B: Yǒu diànshìliánxùjù <Xīngxīng zài wǒ xīn>.

**Unit 08** 영화에 대해 말할 때

A: Nǐ xǐhuān kàn diànyǐng ma?

B: Shì, wǒ zhēn xǐhuān kàn diànyǐng.

**Unit 09** 운동에 대해 말할 때

A: Nǐ xǐhuan dǎ gāo'ěrfūqiú ma?

B: Xǐhuan shì xǐhuan, búguò dǎ de bú tài hǎo.

**Unit 10** 식욕과 맛에 대해 말할 때

A: Wèidao zěnmeyàng, hái hé nǐ kǒuwèi ma?

B: Tài xián le, nǐ fàng le duōshao yán!

# 07 PART

旅行表达

✿ 만만하게
✿ 눈으로 읽고
✿ 귀로 듣고
✿ 입으로 소리내어 말한다!

# 출입국

# 기내에서

(탑승권을 보이며) 제 자리는 어디인가요?

## 请问我的座位在哪里?

Qǐngwèn wǒ de zuòwèi zài nǎlǐ

칭원 워 더 쭈어웨이 짜이 나리

---

이 짐은 어디에 두는 것이 좋죠?

## 这件行李放哪儿好呢?

Zhè jiàn xíngli fàng nǎr hǎo ne

쩌 지엔 싱리 팡 날 하오 너

---

좌석을 바꿔 앉아도 될까요?

## 可不可以换座位?

Kěbùkěyǐ huàn zuòwèi

크어뿌크어이 후안 쭈어웨이

---

음료수는 어떤 것들이 있죠?

## 有什么饮料?

Yǒu shénme yǐnliào

여우 션머 인리아오

---

몸이 좀 안 좋은데요.

## 我有点不舒服。

Wǒ yǒudiǎn bù shūfú

워 여우디엔 뿌 수푸

---

입국신고카드 한 장 주세요.

## 请给我一张入境登记卡。

Qǐng gěi wǒ yīzhāng rùjìng dēngjìkǎ

칭 게이 워 이짱 루찡 떵지카

---

Conversation

A: 您要什么果汁?
B: 我不喝, 谢谢。

어떤 주스를 드릴까요?
마시지 않겠습니다. 감사합니다.

# 여객선에서

<< 듣기 >>

여객선은 몇 시에 출발하죠?

## 客轮几点出发?

Kèlún jǐdiǎn chūfā

크어룬 지디엔 추파

---

몇 번 부두에서 배를 타죠?

## 在几号码头上船?

Zài jǐ hàomǎ tóushàng chuán

짜이 지 하오마 터우샹 추안

---

이 선실은 어디에 있어요?

## 这个船舱在哪儿?

Zhège chuáncāng zài nǎr

쩌거 추안창 짜이 날

---

배에 식당이 있나요?

## 船上有餐厅吗?

Chuán shàng yǒu cāntīng ma

추안 샹 여우 찬팅 마

---

뱃멀미를 하는데, 약 있어요?

## 我有点晕船，有没有药?

Wǒ yǒudiǎn yūnchuán, yǒuméiyǒu yào

워 여우디엔 윈추안, 여우메이여우 야오

---

구명조끼는 어디에 있죠?

## 救生服在哪里?

Jiùshēngfú zài nǎlǐ

지어우셩푸 짜이 나리

---

Conversation

A: 我的卧具是哪个?

B: 你是在这里。

제 침구는 어느 거예요?
당신 것은 여기에 있습니다.

**Unit 03** 입국심사

>> 녹음을 듣고 소리내어 읽어볼까요?    << 듣기 >>

여권을 보여주십시오.

**请出示您的护照。**

Qǐng chūshì nín de hùzhào

칭 추스 닌 더 후짜오

---

입국신고서를 적어주세요.

**请填入境登记卡。**

Qǐng tián rùjìng dēngjìkǎ

칭 티엔 루찡 떵지카

---

입국 목적은 무엇입니까?

**入境目的是什么?**

Rùjìng mùdì shì shénme

루찡 무띠 스 션머

---

며칠 계실 겁니까?

**打算逗留几天?**

Dǎsuàn dòuliú jǐtiān

다쑤안 떠우리어우 지티엔

---

어디에 머무실 예정입니까?

**您打算住在哪里?**

Nín dǎsuàn zhùzài nǎlǐ

닌 다쑤안 쭈짜이 나리

---

아직 정하지 않았습니다.

**还没有决定。**

Hái méiyǒu juédìng

하이 메이여우 쥐에띵

---

Conversation

A: **旅行目的是什么?**

B: **我是来观光的。**

여행 목적은 무엇인가요?

관광하러 왔습니다.

# 짐찾기

짐은 어디서 찾죠?

## 在哪儿取行李?

Zài nǎr qǔ xíngli

짜이 날 취 싱리

---

제 짐이 도착했는지를 봐주세요.

## 帮我看一下我的行李到没到。

Bāng wǒ kàn yíxià wǒ de xíngli dàoméidào

빵 워 칸 이시아 워 더 싱리 따오메이따오

---

수화물 하나가 모자란데요.

## 托运的行李少了一件。

Tuōyùn de xíngli shǎole yíjiàn

투어윈 더 싱리 샤오러 이지엔

---

이 트렁크는 제 것인데요.

## 这个皮箱是我的。

Zhège píxiāng shì wǒ de

쩌거 피시앙 스 워 더

---

제 짐이 안 보이는데요.

## 我的行李不见了。

Wǒ de xíngli bújiànle

워 더 싱리 부지엔러

---

짐을 찾으면 어디로 보내 드릴까요?

## 找到行李后，送到什么地方?

Zhǎodào xíngli hòu, sòngdào shénmedìfāng

자오따오 싱리 허우, 쏭따오 션머띠팡

---

Conversation

A: 请问, 在哪儿可以取行李?

B: 往前一直走就是。

실례합니다, 어디에서 짐을 찾을 수 있죠?

앞으로 곧장 가시면 됩니다.

>> 녹음을 듣고 소리내어 읽어볼까요?

신고할 물품이 있습니까?

**您有要申报的物品吗?**

Nín yǒu yào shēnbào de wùpǐn ma

닌 여우 야오 션빠오 더 우핀 마

---

특별한 것은 없습니다.

**没什么特别的。**

Méishénme tèbié de

메이션머 트어비에 더

---

이런 물건도 신고해야 하나요?

**这种物品也需要申报吗?**

Zhèzhǒng wùpǐn yě xūyào shēnbào ma

쩌종 우핀 이에 쉬야오 션빠오 마

---

가방을 열어 주세요.

**请打开这个包。**

Qǐng dǎkāi zhège bāo

칭 다카이 쩌거 빠오

---

짐을 펼쳐주시겠어요?

**请把行李打开给我看看。**

Qǐng bǎ xíngli dǎkāi gěi wǒ kànkan

칭 바 싱리 다카이 게이 워 칸칸

---

일용품과 선물입니다.

**这是日用品和礼品。**

Zhè shì rìyòngpǐn hé lǐpǐn

쩌 스 르용핀 흐어 리핀

---

Conversation

A: 这些行李都是您的吗?

B: 是，这些都是我的。

이 짐은 모두 당신 것입니까?

예, 모두 제 것입니다.

# 환전과 공항면세점에서

어디서 외화를 환전할 수 있나요?

## 在哪儿可以兑换外汇?

Zài nǎr kěyǐ duìhuàn wàihuì

짜이 날 크어이 뚜에이후안 와이후에이

---

여기서 환전할 수 있나요?

## 这里可以换钱吗?

Zhèli kěyǐ huànqián ma

쩌리 크어이 후안치엔 마

---

인민폐 1원은 한국돈 얼마인가요?

## 一元人民币是多少韩币?

Yīyuán rénmínbì shì duōshǎo hánbì

이위엔 런민삐 스 뚜어샤오 한삐

---

잔돈으로 좀 바꾸고 싶은데요.

## 我想换点零钱。

Wǒ xiǎng huàn diǎn língqián

워 시앙 후안 디엔 링치엔

---

저기요, 면세점이 어디에 있죠?

## 请问, 免税店在哪儿?

Qǐngwèn, miǎnshuìdiàn zài nǎr

칭원, 미엔수에이띠엔 짜이 날

---

몇 가지 선물을 사고 싶은데요.

## 我想买些礼品。

Wǒ xiǎng mǎi xiē lǐpǐn

워 시앙 마이 시에 리핀

---

Conversation

A: 我想兑换钱。

B: 您想兑换多少钱?

환전 좀 하고 싶은데요.

얼마를 환전하시겠어요?

>> 녹음을 듣고 소리내어 읽어볼까요?  << 듣기 >>

여행 안내소는 어디에 있나요?

## 请问，旅行问讯处在哪儿?

Qǐngwèn, lǚxíng wènxùnchù zài nǎr

칭원, 뤼싱 원쉰추 짜이 날

---

시내로 가는 리무진 버스가 있나요?

## 有进市内的班车吗?

Yǒu jìn shìnèi de bānchē ma

여우 찐 스네이 더 빤처 마

---

버스정류소는 어디에 있죠?

## 公共汽车站在哪儿?

Gōnggòngqìchē zhàn zài nǎr

꽁꽁치처 짠 짜이 날

---

베이징 호텔은 어떻게 가죠?

## 去北京饭店怎么走?

Qù Běijīng fàndiàn zěnme zǒu

취 베이징 판띠엔 전머 저우

---

시내 지도를 한 장 주세요.

## 请给我一份市内地图。

Qǐng gěi wǒ yífèn shìnèi dìtú

칭 게이 워 이펀 스네이 띠투

---

호텔까지 시간이 얼마나 걸리나요?

## 到饭店需要多长时间?

Dào fàndiàn xūyào duōcháng shíjiān

따오 판띠엔 쉬야오 뚜어창 스지엔

---

Conversation

A: 民航班车站在哪儿?

B: 在地下一楼。

리무진 정류소는 어디에 있나요?

지하 1층에 있습니다.

# 공항에서 시내로

카트는 어디서 빌리죠?

## 在哪儿能借手推车?
Zài nǎr néng jiè shǒutuīchē
짜이 날 넝 지에 셔우투에이처

---

이 짐만 옮겨 주세요.

## 请把行李托运一下。
Qǐng bǎ xínglǐtuōyùn yīxià
칭 빠 싱리투어윈 이시아

---

택시 승강장은 어디에 있나요?

## 出租汽车站在哪儿?
Chūzūqìchē zhàn zài nǎr
추쭈치처 짠 짜이 날

---

베이징 호텔까지 가 주세요.

## 请送我到北京饭店。
Qǐng sòng wǒ dào Běijīng fàndiàn
칭 쏭 워 따오 베이찡 판띠엔

---

공항 버스는 어디서 타죠?

## 在哪儿坐民航班车?
Zài nǎr zuò mínháng bānchē
짜이 날 쭈어 민항 빤처

---

표는 얼마예요?

## 票价是多少钱?
Piàojià shì duōshǎo qián
피아오지아 스 뚜어샤오 치엔

---

**Conversation**

A: 您去哪儿?

B: 请去这里。

어디로 모실까요?

(주소를 보이며) 이라 가 주세요.

# Unit 09 귀국 준비

예약을 좀 확인하고 싶은데요.

## 我想确认一下机票。

Wǒ xiǎng quèrèn yíxià jīpiào

워 시앙 취에런 이시아 지피아오

---

저는 김성호라고 합니다.

## 我叫金成浩。

Wǒ jiào Jīn Chénghào

워 지아오 진 청하오

---

항공편을 변경하고 싶은데요.

## 我想改航班。

Wǒ xiǎng gǎi hángbān

워 시앙 가이 항빤

---

더 일찍 떠나는 비행편에 빈자리는 있습니까?

## 再早点的航班有空座吗?

Zài zǎodiǎn de hángbān yǒukòng zuò ma

짜이 자오디엔 더 항빤 여우콩 쭈어 마

---

몇 시에 출발하죠?

## 几点出发?

Jǐdiǎn chūfā

지디엔 추파

---

확인이 되었습니다.

## 确认好了。

Quèrèn hǎo le

취에런 하오 러

---

Conversation

A: 我想确认机票。

B: 什么时候的?

예약을 확인하고 싶은데요.

언제 비행기표입니까?

# 귀국 공항에서

>> 녹음을 듣고 소리내어 읽어볼까요?

<< 듣기 >>

저기요, 공항세는 어디서 내죠?

## 请问，在哪儿买机场建设费?

Qǐngwèn, zài nǎr mǎi jīchǎngjiànshè fèi

칭원, 짜이 날 마이 지창지엔서 페이

---

저기요, 어디서 수속을 합니까?

## 请问，在哪儿办手续?

Qǐngwèn, zài nǎr bàn shǒuxù

칭원, 짜이 날 빤 셔우쉬

---

저기요, 짐은 어디서 보냅니까?

## 请问，行李在哪儿寄?

Qǐngwèn, xíngli zài nǎr jì

칭원, 싱리 짜이 날 지

---

언제부터 탑승하죠?

## 什么时候开始登机?

Shénmeshíhòu kāishǐ dēngjī

션머스허우 카이스 떵지

---

면세점은 어디에 있습니까?

## 免税店在哪儿?

Miǎnshuìdiàn zài nǎr

미엔수에이띠엔 짜이 날

---

탑승구는 어디에 있습니까?

## 登机口在哪儿?

Dēngjīkǒu zài nǎr

떵지커우 짜이 날

---

Conversation

A: 准时出发吗?

B: 因气候恶劣，推迟一小时起飞。

출발은 예정대로 합니까?

악천후로 한 시간 늦어집니다.

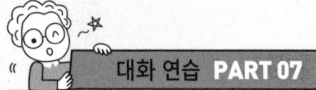 

● 앞에서 배운 대화 내용의 병음입니다. 녹음을 듣고 또박또박 읽어 보세요.

Unit 01 기내에서

A: Nín yào shénme guǒzhī?

B: Wǒ bù hē, xièxie.

Unit 02 여객선에서

A: Wǒ de wòjù shì nǎgè?

B: Nǐ shì zài zhèli.

Unit 03 입국심사

A: Lǚxíng mùdì shì shénme?

B: Wǒ shì lái guānguāng de.

Unit 04 짐찾기

A: Qǐngwèn, zài nǎr kěyǐ qǔ xíngli?

B: Wǎngqián yìzhí zǒu jiùshì.

Unit 05 세관검사

A: Zhèxiē xíngli dōushì nín de ma?

B: Shì, zhèxiē dōushì wǒ de.

Unit 06 환전과 공항면세점에서

A: Wǒ xiǎng duìhuàn qián.

B: Nín xiǎng duìhuàn duōshao qián?

Unit 07 공항안내소

A: Mínháng bānchē zhànzài nǎr?

B: Zài dìxià yī lóu.

Unit 08 공항에서 시내로

A: Nín qù nǎr?

B: Qǐng qù zhèli.

Unit 09 귀국 준비

A: Wǒ xiǎng quèrèn jīpiào.

B: Shénmeshíhòu de?

Unit 10 귀국 공항에서

A: Zhǔnshí chūfā ma?

B: Yīn qìhòu'èliè, tuīchí yì xiǎoshí qǐfēi.

# PART 08

## 旅行表达

✿ 만만하게
✿ 눈으로 읽고
✿ 귀로 듣고
✿ 입으로 소리내어 말한다!

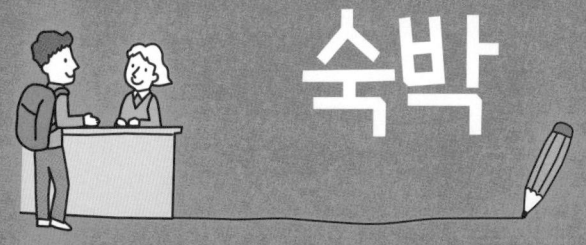

# 숙박

>> 녹음을 듣고 소리내어 읽어볼까요?    << 듣기 >>

방을 예약하고 싶은데요.

## 我要预定房间。
Wǒ yào yùdìng fángjiān
워 야오 위띵 팡지엔

빈방이 있나요?
## 有空房吗?
Yǒu kòngfáng ma
여우 콩팡 마

예약을 취소하고 싶은데요.
## 我要取消预约。
Wǒ yào qǔxiāo yùyuē
워 야오 취시아오 위위에

방값에 아침식사비가 포함되나요?
## 房费包括早餐吗?
Fángfèi bāokuò zǎocān ma
팡페이 빠오쿠어 자오찬 마

침대 하나를 더 놓으면 얼마인가요?
## 加一张床多少钱?
Jiā yìzhāng chuáng duōshǎo qián
지아 이짱 추앙 뚜오샤오 치엔

좀 더 싼 방이 있나요?
## 有没有便宜一点的房间?
Yǒuméiyǒu piányi yìdiǎn de fángjiān
여우메이여우 피엔이 이디엔 더 팡지엔

Conversation

A: 我要预定客房，有房间吗?
B: 您要什么样的客房?

방을 예약하고 싶은데요, 있나요?
어떤 방을 원하세요?

>> 녹음을 듣고 소리내어 읽어볼까요?　　《 듣기 》

---

예약하셨습니까?

## 您预约了吗?

Nín yùyuēle ma

닌 위위에러 마

---

누구 이름으로 예약하셨습니까?

## 您用什么名字预定的?

Nín yòng shénme míngzi yùdìng de

닌 용 션머 밍즈 위딩 더

---

이 숙박카드를 작성해주십시오.

## 请填写这张住宿登记卡。

Qǐng tiánxiě zhè zhāng zhùsùdēngjì kǎ

칭 티엔시에 쩌 장 주쑤떵지 카

---

먼저 방을 볼 수 있을까요?

## 可以先看一下房间吗?

Kěyǐ xiān kàn yíxià fángjiān ma

크어이 시엔 칸 이시아 팡지엔 마

---

조용한 방으로 주세요.

## 我想要安静一点的房间。

Wǒ xiǎng yào ānjìng yīdiǎn de fángjiān

워 시앙 야오 안찡 이디엔 더 팡지엔

---

경치가 좋은 방으로 주세요.

## 我要一间能看到好风景的房间。

Wǒ yào yìjiān néng kàndào hǎo fēngjǐng de fángjiān

워 야오 이지엔 넝 칸따오 하오 펑징 더 팡지엔

---

Conversation

A: 您预约了吗?

B: 我已经预约好了。

예약하셨습니까?

예, 예약을 했는데요.

하루에 얼마죠?

## 住宿费一天多少钱?

Zhùsùfèi yìtiān duōshǎo qián

쭈쑤페이 이티엔 뚜어샤오 치엔

좀 더 싼 방은 없나요?

## 没有比这个稍便宜的房间吗?

Méiyǒu bǐ zhège shāo piányi de fángjiān ma

메이여우 비 쩌거 샤오 피엔이 더 팡지엔 마

아침식사도 포함이 된 건가요?

## 早餐费也包括在内吗?

Zǎocān fèi yě bāokuòzàinèi ma

자오찬 페이 이에 빠오쿠어짜이네이 마

내 방은 몇 층 몇 호실인가요?

## 我的房间是几楼几号?

Wǒ de fángjiān shì jǐ lóu jǐ hào

워 더 팡지엔 스 지 러우 지 하오

룸서비스를 받을 수 있나요?

## 这儿有房间服务吗?

Zhèr yǒu fángjiān fúwù ma

쩔 여우 팡지엔 푸우 마

다른 방으로 바꾸고 싶은데요.

## 我要换别的房间。

Wǒ yào huàn biéde fángjiān

워 야오 후안 비에더 팡지엔

**Conversation**

A: 没有预订房间, 能不能给一个房间?

B: 可以, 您需要什么样的房间?

예약을 안 했는데 방 있습니까?

네, 어떤 방을 원하십니까?

# 호텔 프런트에서

짐을 옮겨드릴까요?

## 需要给您搬运行李吗?

Xūyào gěi nín bānyùn xíngli ma

쉬야오 게이 닌 빤윈 싱리 바

짐을 로비까지 옮겨주세요.

## 请把行李搬到大厅。

Qǐng bǎ xíngli bāndào dàtīng

칭 바 싱리 빤따오 따팅

귀중품을 맡기고 싶은데요.

## 我要保管贵重物品。

Wǒ yào bǎoguǎn guìzhòngwùpǐn

워 야오 바오구안 꾸에이종우핀

방 열쇠를 맡아주세요.

## 请保管房间钥匙。

Qǐng bǎoguǎn fángjiān yàoshi

칭 바오구안 팡지엔 야오스

저한테 온 메시지가 있나요?

## 有没有我的留言?

Yǒuméiyǒu wǒ de liúyán

여우메이여우 워 더 리우이엔

내일 택시를 불러 주세요.

## 明天帮我叫一辆出租车。

Míngtiān bāng wǒ jiào yíliàng chūzūchē

밍티엔 빵 워 지아오 이리앙 추쭈처

Conversation

A: 喂, 是服务台吗?

B: 是啊。您有什么需要?

여보세요, 프런트죠?

네, 그렇습니다. 무얼 도와드릴까요?

>> 녹음을 듣고 소리내어 읽어볼까요?

<< 듣기 >>

호텔 안에 세탁소가 있나요?

## 酒店内有洗衣店吗?

Jiǔdiàn nèi yǒu xǐyīdiàn ma

지어우띠엔 네이 여우 시이띠엔 마

식당은 어디에 있죠?

## 餐厅在哪儿?

Cāntīng zài nǎr

찬팅 짜이 날

몇 시부터 아침식사가 시작되죠?

## 几点开始供应早餐?

Jǐdiǎn kāishǐ gōngyīng zǎocān

지디엔 카이스 꽁잉 자오찬

커피숍은 어디에 있죠?

## 咖啡厅在哪儿?

Kāfēitīng zài nǎr

카페이팅 짜이 날

호텔에 나이트클럽이 있나요?

## 饭店内有夜总会吗?

Fàndiàn nèi yǒu yèzǒnghuì ma

판띠엔 네이 여우 예종후에이 마

마사지를 예약해 주세요.

## 请给我订按摩服务。

Qǐng gěi wǒ dìng ànmó fúwù

칭 게이 워 딩 안모어 푸우

Conversation

A: 饭店有班车吗?

B: 有。

호텔 셔틀버스 있나요?

있습니다.

>> 녹음을 듣고 소리내어 읽어볼까요? 《〈 듣기 〉〉

룸서비스를 부탁할게요.

# 我需要客房服务。
Wǒ xūyào kèfáng fúwù
워 쉬야오 크어팡 푸우

---

칫솔를 갖다 주세요.

# 请给我拿牙刷。
Qǐng gěi wǒ ná yáshuā
칭 게이 워 나 야수아

---

아침식사를 제 방까지 갖다주세요.

# 请把早餐送到我的房间。
Qǐng bǎ zǎocān sòngdào wǒ de fángjiān
칭 바 자오찬 쏭따오 워 더 팡지엔

---

제 방을 청소해주세요.

# 请打扫一下我的房间。
Qǐng dǎsǎo yíxià wǒ de fángjiān
칭 다싸오 이시아 워 더 팡지엔

---

에어컨은 어떻게 조절하죠?

# 空调温度怎么调?
Kōngtiáo wēndù zěnme tiáo
콩티아오 원뚜 전머 티아오

---

수건이 없는데요.

# 没有毛巾。
Méiyǒu máojīn
메이여우 마오찐

---

Conversation

A: 是房间服务吗?
B: 是啊, 有什么事吗?

룸서비스인가요?
네, 그렇습니다. 무슨 일이십니까?

# 호텔에서의 트러블

>> 녹음을 듣고 소리내어 읽어볼까요?

<< 듣기 >>

방문을 열 수가 없네요.

## 房门打不开。

Fángmén dǎbùkāi

팡먼 다뿌카이

---

욕실에 더운물이 안 나오는데요.

## 浴室里不出热水。

Yùshì lǐ bùchū rèshuǐ

위스 리 뿌추 러수에이

---

방 전등이 고장났어요.

## 房间的灯坏了。

Fángjiān de dēng huài le

팡지엔 더 떵 후아이 러

---

에어컨이 고장났는데요.

## 空调坏了。

Kōngtiào huài le

콩티아오 후아이 러

---

텔레비전 화면이 안 나오는데요.

## 电视机没有画面。

Diànshìjī méiyǒu huàmiàn

띠엔스지 메이여우 후아미엔

---

냉장고가 고장났어요.

## 冰箱出了毛病。

Bīngxiāng chūlemáobìng

삥시앙 추러마오빙

---

Conversation

A: 卫生间的水冲不下去。

B: 我们马上派人去修理。

화장실 물이 안 내려가는데요.

지금 곧 사람을 보내 수리해드리겠습니다.

체크아웃 준비

---

체크아웃 할게요.

## 我要退房。

Wǒ yào tuì fáng

워 야오 투에이 팡

---

체크아웃 시간은 몇 시까지인가요?

## 退房截止时间是几点?

Tuì fáng jiézhǐ shíjiān shì jǐdiǎn

투에이 팡 지에즈 스지엔 스 지디엔

---

내일 아침 6시에 택시를 예약하고 싶은데요.

## 明天早上六点我要出租车。

Míngtiān zǎoshàng liùdiǎn wǒ yào chūzūchē

밍티엔 자오샹 리어우디엔 워 야오 추쭈처

---

하루 앞당겨 체크아웃하고 싶은데요.

## 我想提前一天退房。

Wǒ xiǎng tíqián yītiān tuì fáng

워 시앙 티치엔 이티엔 투에이 팡

---

하루 더 묵고 싶은데요.

## 我还想住一天。

Wǒ hái xiǎng zhù yìtiān

워 하이 시앙 주 이티엔

---

오늘 떠나고 싶은데요.

## 我今天就走。

Wǒ jīntiān jiù zǒu

워 찐티엔 지어우 저우

---

Conversation

A: 我想结帐。

B: 几号房间?

체크아웃하고 싶은데요.

몇 호실입니까?

# Unit 09 체크아웃

지금 체크아웃을 할게요.
## 我现在就退房。
Wǒ xiànzài jiù tuì fáng
워 시엔짜이 지어우 투에이 팡

요금명세표를 주세요.
## 请给我帐单。
Qǐng gěi wǒ zhàngdān
칭 게이 워 장딴

이것은 무슨 비용인가요?
## 这是什么费用?
Zhè shì shénme fèiyòng
쩌 스 션머 페이용

제 짐 좀 옮겨 주세요.
## 请帮我搬一下行李。
Qǐng bāng wǒ bān yīxià xíngli
칭 빵 워 빤 이시아 싱리

택시를 불러 주시겠어요?
## 能给我叫出租车吗?
Néng gěi wǒ jiào chūzūchē ma
넝 게이 워 지아오 추쭈처 마

방에 물건을 놓고 나왔는데요.
## 我把东西落在房间里了。
Wǒ bǎ dōngxi làzài fángjiān lǐ le
워 바 똥시 라짜이 팡지엔 리 러

Conversation

A: 可以用信用卡结帐吗?
B: 可以, 请您在这儿签字。

신용카드로 결제가 되나요?
네, 여기에 사인을 해주십시오.

# 초대소 이용하기

y

>> 녹음을 듣고 소리내어 읽어볼까요?  << 듣기 >>

---

여럿이 머물 수 있는 방은 나요?

## 有多人房吗?

Yǒu duō rén fáng ma

여우 뚜어 런 팡 마

---

방 하나에 침대는 몇 개죠?

## 一个房间里有几个床位?

Yīgè fángjiān lǐ yǒu jǐgè chuángwèi

이꺼 팡지엔 리 여우 지거 추앙웨이

---

유학생 할인은 있습니까?

## 有没有留学生优待?

Yǒuméiyǒu liúxuéshēng yōudài

여우메이여우 리우쉬에성 여우따이

---

저는 유학생이 아닌데 묵을 수 있나요?

## 我不是留学生，可以住吗?

Wǒ búshì liúxuéshēng, kěyǐ zhù ma

워 부스 리우쉬에성, 크어이 주 마

---

외국인도 숙박할 수 있습니까?

## 接待外国人吗?

Jiēdài wàiguórén ma

지에따이 와이구어런 마

---

뜨거운 물은 몇 시부터 쓸 수 있죠?

## 从几点可以使用热水?

Cóng jǐdiǎn kěyǐ shǐyòng rèshuǐ

총 지디엔 크어이 스용 러수에이

---

Conversation

A: 一个房间里有几个床位?

B: 一个房间四个。

방 하나에 침대는 몇 개죠?

방 하나에 4개 있습니다.

● 앞에서 배운 대화 내용의 병음입니다. 녹음을 듣고 또박또박 읽어 보세요.

Unit 01 호텔 예약

A: Wǒ yào yùdìng kèfáng, yǒu fángjiān ma?

B: Nín yào shénmeyàng de kèfáng?

Unit 02 체크인

A: Nín yùyuēle ma?

B: Wǒ yǐjīng yùyuē hǎo le.

Unit 03 체크인

A: Méiyǒu yùdìng fàngjiān, néngbùnéng gěi yíge fángjiān?

B: Kěyǐ, nín xūyào shénmeyàng de fángjiān?

Unit 04 호텔 프런트에서

A: Wèi, shì fúwùtái ma?

B: shìa? Nín yǒu shénme xūyào?

Unit 05 호텔안의 시설과 설비

A: Fàndiàn yǒu bānchē ma?

B: Yǒu.

Unit 06 룸서비스

A: Shì fángjiān fúwù ma?

B: shì a, yǒu shénmeshì ma?

Unit 07 호텔에서의 트러블

A: Wèishēngjiān de shuǐ chōng bú xiàqù.

B: Wǒmen mǎshàng pài rén qù xiūlǐ.

Unit 08 체크아웃 준비

A: Wǒ xiǎng jiézhàng.

B: Jǐ hào fángjiān?

Unit 09 체크아웃

A: Kěyǐ yòng xìnyòngkǎ jiézhàng ma?

B: Kěyǐ, qǐng nín zài zhèr qiānzì.

Unit 10 초대소 이용하기

A: Yīgè fángjiān lǐ yǒu jǐgè chuángwèi?

B: Yīgè fángjiān sìgè.

# 09

## PART

旅行表达

✿ 만만하게
✿ 눈으로 읽고
✿ 귀로 듣고
✿ 입으로 소리내어 말한다!

# 식사

 **Unit 01** 식당을 찾을 때

» 녹음을 듣고 소리내어 읽어볼까요? 《 듣기 》

저기요, 이 근처에 괜찮은 식당 좀 알려 주시겠어요?

## 请问，这儿附近有没有好一点的餐厅?

Qǐngwèn, zhèr fùjìn yǒuméiyǒu hǎo yìdiǎn de cāntīng

칭원, 쩔 푸찐 여우메이여우 하오 이디엔 더 찬팅

---

여기 명물요리를 먹고 싶은데요.

## 我很想尝尝本地的风味。

Wǒ hěn xiǎng chángcháng běndì de fēngwèi

워 흐언 시앙 창창 번띠 더 펑웨이

---

이 근처에 한식점이 있습니까?

## 这附近有韩式餐厅吗?

Zhè fùjìn yǒu hánshì cāntīng ma

쩌 푸찐 여우 한스 찬팅 마

---

별로 안 비싼 식당이 좋겠는데요.

## 最好是便宜一点的餐厅。

Zuìhǎo shì piányi yìdiǎn de cāntīng

쭈에이하오 스 피엔이 이디엔 더 찬팅

---

조용한 분위기의 식당이 좋겠는데요.

## 我喜欢比较安静的餐厅。

Wǒ xǐhuan bǐjiào ānjìng de cāntīng

워 시후안 비지아오 안찡 더 찬팅

---

사람이 많은 식당이 좋겠는데요.

## 我喜欢热闹一点的餐厅。

Wǒ xǐhuān rènao yìdiǎn de cāntīng

워 시후안 러나오 이디엔 더 찬팅

---

**Conversation**

A: 你喜欢吃中国菜吗?

B: 我很喜欢吃中国菜。

중국요리를 좋아하세요?

전 중국요리를 아주 즐겨 먹습니다.

# 식당 예약

>> 녹음을 듣고 소리내어 읽어볼까요?

<< 듣기 >>

---

예약을 하고 싶은데, 빈자리가 있나요?

## 我要预定, 有空席吗?

Wǒ yào yùdìng, yǒu kòngxí ma

워 야오 위딩, 여우 콩시 마

---

룸으로 예약할게요.

## 我要预定包房。

Wǒ yào yùdìng baōfáng

워 야오 위딩 빠오팡

---

창가 테이블로 주세요.

## 我要预定靠近窗户的餐桌。

Wǒ yào yùdìng kàojìn chuānghu de cānzhuō

워 야오 위딩 카오찐 추앙후 더 찬주어

---

몇 테이블 예약하시겠습니까?

## 您要预定几桌?

Nín yào yùdìng jǐzhuō

닌 야오 위딩 지주어

---

세트메뉴로 예약할게요.

## 我要预定套餐。

Wǒ yào yùdìng tàocān

워 야오 위딩 타오찬

---

성함과 전화번호를 말씀해 주십시오.

## 请告诉我您的姓名和电话号吗?

Qǐng gàosu wǒ nín de xìngmíng hé diànhuàhào ma

칭 까오쑤 워 닌 더 싱밍 흐어 띠엔후아하오 마

---

**Conversation**

A: 你们那儿可以预定吗?

B: 对不起，今天已经订满了。

예약할 수 있나요?

미안합니다. 오늘밤은 예약이 끝났습니다.

>> 녹음을 듣고 소리내어 읽어볼까요?

듣기

어서 오십시오. 예약은 하셨습니까?

# 欢迎光临, 您预定了吗?

Huānyíng guānglín, nín yùdìngle ma

후안잉 꾸앙린, 닌 위딩러 마

---

죄송합니다만, 자리가 다 찼습니다.

# 对不起, 已经客满了。

Duìbùqǐ, yǐjīng kèmǎn le

뚜에이뿌치, 이찡 크어만 러

---

얼마나 기다려야 하죠?

# 要等多长时间?

Yào děng duōcháng shíjiān

야오 떵 뚜어창 스지엔

---

빈 좌석이 있습니다. 이쪽으로 오십시오.

# 还有空桌, 请跟我来。

Háiyǒu kòngzhuō, qǐng gēn wǒ lái

하이여우 콩주어, 칭 끄언 워 라이

---

지금은 자리가 다 차서 좌석이 없습니다.

# 现在已经满了, 没有空桌。

Xiànzài yǐjīng mǎn le, méiyǒu kòngzhuō

시엔짜이 이찡 만 러, 메이여우 콩주어

---

창가 쪽 좌석으로 주세요.

# 我要靠近窗户的位子。

Wǒ yào kàojìn chuānghu de wèizi

워 야오 카오찐 추앙후 더 웨이즈

---

Conversation

A: 我没有预定, 有空桌吗?

B: 有, 请跟我来。

예약을 안 했는데, 자리는 있나요?

있습니다. 이쪽으로 오십시오.

## Unit 04 메뉴를 볼 때

>> 녹음을 듣고 소리내어 읽어볼까요?　　《〈 듣기 〉〉

손님, 주문하시겠습니까?
### 先生，请您点菜。
Xiānshēng, qǐng nín diǎncài
시엔셩, 칭 닌 디엔차이

주문할게요.
### 我要点菜。
Wǒ yào diǎncài
워 야오 디엔차이

메뉴판 좀 줄래요?
### 请给我菜单。
Qǐng gěi wǒ càidān
칭 게이 워 차이딴

좀 있다가 주문할게요.
### 等一会儿再点。
Děng yíhuìr zài diǎn
떵 이후알 짜이 디엔

지금 주문하시겠습니까?
### 您现在就点吗?
Nín xiànzài jiù diǎn ma
닌 시엔짜이 지어우 디엔 마

다 온 다음에 주문할게요.
### 等都来了再点。
Děng dōu láile zài diǎn
덩 떠우 라이러 짜이 디엔

Conversation

A: 我先看菜单, 菜单在哪里?
B: 菜单在这里, 给您。

먼저 메뉴를 보여주세요. 메뉴판이 어디 있죠?
메뉴는 여기 있습니다.

어떤 요리를 주문하겠습니까?

## 您要点什么菜?

Nín yàodiǎn shénme cài

닌 야오디엔 션머 차이

---

어느 게 괜찮아요?

## 点哪个好?

Diǎn nǎge hǎo

디엔 나거 하오

---

이곳 명물요리는 있나요?

## 有本地名菜吗?

Yǒu běndì míngcài ma

여우 번띠 밍차이 마

---

여기서 제일 잘하는 요리는 뭔가요?

## 你们这儿最拿手的菜是什么?

Nǐmen zhèr zuì náshǒu de cài shì shénme

니먼 쩔 쭈에이 나셔우 더 차이 스 션머

---

이건 무슨 요리죠?

## 这是什么菜?

Zhè shì shénme cài

쩌 스 션머 차이

---

이 요리 특색은 뭔가요?

## 这是什么风味的菜?

Zhè shì shénme fēngwèi de cài

쩌 스 션머 펑웨이 더 차이

---

Conversation

A: 这道菜要怎么做呢?

B: 我喜欢烤得熟一点。

이 요리는 어떻게 해드릴까요?

전 완전히 구운 것을 좋아해요.

# 식당에서의 트러블

우리가 주문한 요리는 언제 나와요?

## 我们点的菜什么时候来?
Wǒmen diǎn de cài shénmeshíhòu lái
워먼 디엔 더 차이 셔머스허우 라이

이건 우리가 주문한 요리가 아닌데요.

## 这不是我们点的菜。
Zhè búshì wǒmen diǎn de cài
쩌 부스 워먼 디엔 더 차이

아직 요리가 한 가지 안 나왔는데요.

## 还有一道菜没上。
Háiyǒu yídào cài méi shàng
하이여우 이따오 차이 메이 샹

주문한 요리를 바꾸고 싶은데요.

## 我想换我们点的菜。
Wǒ xiǎng huàn wǒmen diǎn de cài
워 시앙 후안 워먼 디엔 더 차이

냄새가 이상해요. 상한 거 아닌가요?

## 味道奇怪，是不是变质了?
Wèidào qíguài, shìbúshì biànzhìle
웨이따오 치구아이, 스부스 비엔즈러

이 고기는 덜 익은 것 같은데요.

## 这肉好象没熟透。
Zhè ròu hǎoxiàng méi shútòu
쩌 러우 하오시앙 메이 수터우

Conversation

A: 先生，您有什么事?
B: 你搞错了，我们没点这个菜。

손님, 무슨 일이십니까?
잘못 나온 것 같아요. 이 요리는 주문하지 않았는데요.

# 식사를 하면서

>> 녹음을 듣고 소리내어 읽어볼까요?

<< 듣기 >>

접시 하나 주세요.

## 我要一个碟子。

Wǒ yào yígè diézi

워 야오 이거 디에즈

젓가락을 바꿔주세요.

## 我要换一双筷子。

Wǒ yào huàn yìshuāng kuàizi

워 야오 후안 이수앙 쿠아이즈

젓가락 하나 더 주세요.

## 请再拿一双筷子。

Qǐng zài ná yìshuāng kuàizi

칭 짜이 나 이수앙 쿠아이즈

밥 한 공기 더 주세요.

## 再来一碗米饭。

Zài lái yìwǎn mǐfàn

짜이 라이 이완 미판

물 한 컵 갖다줄래요?

## 来一杯水可以吗?

Lái yìbēi shuǐ kěyǐ ma

라이 이뻬이 수에이 크어이 마

티슈 좀 갖다 주세요.

## 请给我拿餐巾纸。

Qǐng gěi wǒ ná cānjīnzhǐ

칭 게이 워 나 찬찐즈

Conversation

A: 能再帮我加一些茶水吗?

B: 当然可以，您稍等。

찻물 좀 더 따라주세요.

알겠습니다. 잠시만 기다리십시오.

# 음식맛의 표현

듣기

맛이 어때요?

## 味道怎么样?

Wèidao zěnmeyàng

웨이다오 전머양

맛이 없네요.

## 不好吃。

bù hǎochī

뿌 하오츠

이 요리 맛 좀 보세요.

## 请尝尝这道菜。

Qǐng chángcháng zhè dao cài

칭 창창 쩌 다오 차이

이 요리는 아주 맛있네요.

## 这道菜很香。

Zhè dao cài hěn xīang

쩌 다오 차이 흐언 시앙

보기만 해도 군침이 도네요.

## 看着我都流口水了。

Kànzhe wǒ dōu liú kǒushuǐ le

칸저 워 떠우 리어우 커우수에이 러

냄새를 맡아보세요. 아주 향기로워요.

## 你也闻一下, 很香。

Nǐ yě wén yíxià, hěn xīang

니 이에 원 이시아, 흐언 시앙

Conversation

A: 味道怎么样?

B: 很好吃。

맛이 어때요?

아주 맛있네요.

# 식당에서의 계산

>> 녹음을 듣고 소리내어 읽어볼까요?

<< 듣기 >>

계산 좀 할게요.

## 我要结帐。
Wǒ yào jiézhàng
워 야오 지에장

계산은 어디서 하죠?

## 在哪儿结帐?
Zài nǎr jiézhàng
짜이 날 지에장짱

모두 얼마예요?

## 一共多少钱?
Yígòng duōshǎo qián
이꿍 뚜어샤오 치엔

여기에 사인하십시오.

## 请您在这儿签字。
Qǐng nín zài zhèr qiānzì
칭 닌 짜이 쩔 치엔쯔

영수증을 주세요.

## 请给我开发票。
Qǐng gěi wǒ kāi fāpiào
칭 게이 워 카이 파피아오

제가 계산할게요.

## 我来付钱。
Wǒ lái fùqián
워 라이 푸치엔

Conversation

A: 服务员，买单。有单据吗?

B: 有，给你。

종업원, 계산합시다. 계산서는요?
여기 있습니다.

# Unit 10 술을 마실 때

>> 녹음을 듣고 소리내어 읽어볼까요?   《〈 듣기 〉》

식사 전에 한 잔 하시죠?

## 饭前喝一杯吧。

Fànqián hē yìbēi ba
판치엔 흐어 이뻬이 바

---

술 종류 좀 볼까요?

## 看一下酒水单吧。

Kàn yíxià jiǔshuǐ dān ba
칸 이시아 지어우수에이 딴 바

---

저는 콩푸쟈주를 마시고 싶군요.

## 我想喝孔府家酒。

Wǒ xiǎng hē Kǒngfǔjiājiǔ
워 시앙 흐어 콩푸지아지어우

---

맥주 한 병 더 주세요.

## 再来一瓶啤酒。

Zài lái yìpíng píjiǔ
짜이 라이 이핑 피지어우

---

이 맥주를 찬 것으로 바꿔주세요.

## 把这啤酒换成冰镇的。

Bǎ zhè píjiǔ huàn chéng bīng zhèn de
바 쩌 피지어우 후안 청 삥 쩐 더

---

어떤 종류의 안주가 있나요?

## 都有什么下酒菜?

Dōu yǒu shénme xiàjiǔcài
떠우 여우 션머 시아지어우차이

---

Conversation

A: 您要什么酒啊?

B: 就来啤酒吧，还有什么下酒菜?

어떤 술을 드시겠습니까?
맥주로 주세요. 그리고 안주는 뭐가 있죠?

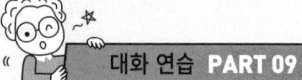

● 앞에서 배운 대화 내용의 병음입니다. 녹음을 듣고 또박또박 읽어 보세요.

**Unit 01** 식당을 찾을 때

A: Nǐ xǐhuān chī zhōngguócài ma?

B: Wǒ hěn xǐhuān chī zhōngguócài.

**Unit 02** 식당 예약

A: Nǐmen nàr kěyǐ yùdìng ma?

B: Duìbùqǐ, jīntiān yǐjīng dìng mǎn le.

**Unit 03** 자리에 앉을 때까지

A: Wǒ méiyǒu yùdìng, yǒukōng zhuō ma?

B: Yǒu, qǐng gēn wǒ lái.

**Unit 04** 메뉴를 볼 때

A: Wǒ xiān kàn càidān, càidān zài nǎlǐ?

B: Càidān zài zhèlǐ, gěi nín.

**Unit 05** 주문할 때

A: Zhè dào cài yào zěnme zuò ne?

B: Wǒ xǐhuan kǎo de shú yìdiǎn.

**Unit 06** 식당에서의 트러블

A: Xiānshēng, nín yǒu shénmeshì?

B: Nǐ gǎocuòle, wǒmen méi diǎn zhège cài.

**Unit 07** 식사를 하면서

A: Néng zài bāng wǒ jiā yìxiē cháshuǐ ma?

B: Dāngrán kěyǐ, nín shāo děng.

**Unit 08** 음식맛의 표현

A: Wèidao zěnmeyàng?

B: Hěn hǎochī.

**Unit 09** 식당에서의 계산

A: Fúwùyuán, mǎidān. Yǒu dānjù ma?

B: Yǒu, gěi nǐ.

**Unit 10** 술을 마실 때

A: Nín yào shénme jiǔ a?

B: Jiù lái píjiǔ ba, háiyǒu shénme xiàjiǔcài?

# 10
## PART

旅行表达

✿ 만만하게
✿ 눈으로 읽고
✿ 귀로 듣고
✿ 입으로 소리내어 말한다!

교통

# 길을 묻을 때

>> 녹음을 듣고 소리내어 읽어볼까요?

<< 듣기 >>

---

실례합니다. 잠깐 여쭙겠습니다.

## 对不起，请问一下。

Duìbuqǐ, qǐngwèn yíxià

뚜에이부치, 칭원 이시아

---

천안문까지 어떻게 가죠?

## 到天安门怎么走?

Dào Tiān'ānmén zěnme zǒu

따오 티엔안먼 전머 저우

---

여기에서 멀어요?

## 离这儿远吗?

Lí zhèr yuǎn ma

리 쩔 위엔 마

---

지하철역은 어떻게 가죠?

## 地铁站怎么走?

Dìtiězhàn zěnme zǒu

띠티에짠 전머 저우

---

거긴 어떻게 가죠?

## 去那儿怎么走?

Qù nàr zěnme zǒu

취 날 전머 저우

---

저도 같은 방향으로 가는 길입니다.

## 我正好和你同路。

Wǒ zhènghǎo hé nǐ tónglù

워 쩡하오 흐어 니 통루

---

Conversation

A: 请问这是什么地方?

B: 这里是王府井大街。

이곳은 어디입니까?

이곳은 왕푸징 거리입니다.

# 택시를 탈 때

어디서 택시를 탈 수 있습니까?

### 在哪里能坐出租车?

Zài nǎli néng zuò chūzūchē

짜이 나리 넝 쭈어 추쭈처

---

트렁크 좀 열어 주세요.

### 请打开后备箱。

Qǐng dǎkāi hòubèixiāng

칭 다카이 허우뻬이시앙

---

어서 오십시오, 어디 가시죠?

### 欢迎欢迎，你去哪儿?

Huānyíng huānyíng, nǐ qù nǎr

후안잉 후안잉, 니 취 날

---

조금 더 천천히 가세요.

### 请再慢一点。

Qǐng zài màn yìdiǎn

칭 짜이 만 이디엔

---

저 앞에서 세워주세요.

### 到前面停车。

Dào qiánmiàn tíngchē

따오 치엔미엔 팅처

---

다 왔어요, 여기서 세워주세요.

### 到了，就在这儿停车吧。

Dào le, jiù zài zhèr tíngchē ba

따오 러, 찌어우 짜이 쩔 팅처 바

---

Conversation

A: 师傅, 去北京饭店。

B: 好的, 你要走哪条路?

기사님, 베이징호텔로 가주세요.

네, 어떤 길로 갈까요?

>> 녹음을 들고 소리내어 읽어볼까요? 《《 **듣기** 》》

버스정류장은 어디에 있어요?

## 请问，公共汽车站在哪儿?

Qǐngwèn, gōnggòngqìchēzhàn zài nǎr

칭원, 꿍꿍치처짠 짜이 날

천안문에 가려면 몇 번 버스를 타야 하죠?

## 去天安门要坐几路车?

Qù Tiān'ānmén yào zuò jǐlù chē

취 티엔안먼 야오 쭈어 지루 처

치엔먼까지 가나요?

## 这路车到前门吗?

Zhè lù chē dào Qiánmén ma

쩌 루 처 따오 치엔먼 마

천안문까지 몇 정거장이죠?

## 到天安门还要坐几站?

Dào Tiān'ānmén háiyào zuò jǐ zhàn

따오 티엔안먼 하이야오 쭈어 지 짠

도착하면 알려주시겠어요?

## 到了就告诉我，好吗?

Dào le jiù gàosu wǒ, hǎo ma

따오 러 지어우 까오쑤 워, 하오 마

저 내릴게요.

## 我要下车。

Wǒ yào xiàchē

워 야오 시아처

Conversation

A: 去前门要坐几路车?

B: 没有直达的，要倒车。

치엔먼까지 몇 번 버스가 가죠?

직접 가는 버스는 없고 환승해야 해요.

# 지하철을 탈 때

>> 녹음을 듣고 소리내어 읽어볼까요?

**《 듣기 》**

지하철 노선도 좀 주세요.

## 请给我一张地铁路线图。

Qǐng gěi wǒ yìzhāng dìtiě lùxiàntú

칭 게이 워 이짱 띠티에 루시엔투

---

이 근처에 지하철역이 있어요?

## 这附近有地铁站吗?

Zhè fùjìn yǒu dìtiězhàn ma

쩌 푸찐 여우 띠티에짠 마

---

자동매표기는 어디에 있어요?

## 自动售票机在哪里?

Zìdòng shòupiàojī zài nǎli

즈동 셔우피아오찌 짜이 나리

---

어디서 갈아타죠?

## 在哪儿换乘?

Zài nǎr huànchéng

짜이 날 후안청

---

다음 역은 어디예요?

## 下一站是哪里?

Xià yízhàn shì nǎli

시아 이짠 스 나리

---

어느 역에서 내리죠?

## 在哪一站下车?

Zài nǎ yízhàn xiàchē

짜이 나 이짠 시아처

---

**Conversation**

A: 从这里到西直门怎么走?

B: 坐地铁吧, 地铁最快。

여기서 시즈먼까지 어떻게 가죠?

지하철을 타세요, 지하철이 제일 빨라요.

# 열차를 탈 때

매표소는 어디에 있죠?

## 售票处在哪里?

Shòupiàochù zài nǎli

셔우피아오추 짜이 나리

---

요금은 얼마예요?

## 票价是多少钱?

Piàojià shì duōshǎo qián

피아오지아 스 뚜어샤오 치엔

---

왕복표는 한 장에 얼마죠?

## 往返票多少钱一张?

Wǎngfǎnpiào duōshao qián yìzhāng

왕판피아오 뚜어샤오 치엔 이짱

---

상하이까지 편도 주세요.

## 请给我到上海的单程票。

Qǐng gěi wǒ dào Shànghǎi de dānchéngpiào

칭 게이 워 따오 샹하이 더 딴청피아오

---

더 이른 열차는 없어요?

## 没有更早一点儿的吗?

Méiyǒu gèng zǎo yìdiǎnr de ma

메이여우 끄엉 자오 이디알 더 마

---

여긴 제 자리인데요.

## 这是我的座位。

Zhè shì wǒ de zuòwèi

쩌 스 워 더 쭈어웨이

---

Conversation

A: 去北京的列车有座位吗?

B: 有, 你要几张?

베이징까지 가는 열차표 있나요?

있습니다. 몇 장 필요합니까?

# 비행기를 탈 때

항공권을 구하고 싶은데요.

## 我想买一张飞机票。

Wǒ xiǎng mǎi yìzhāng fēijīpiào

워 시앙 마이 이짱 페이찌피아오

---

다른 편은 없습니까?

## 有没有别的班机?

Yǒuméiyǒu biéde bānjī

여우메이여우 비에더 빤찌

---

출발시간을 확인하고 싶은데요.

## 我想确认一下出发时间。

Wǒ xiǎng quèrèn yíxià chūfā shíjiān

워 시앙 취에런 이시아 추파 스지엔

---

탑승일자를 변경하고 싶은데요.

## 我要变更登机日期。

Wǒ yào biàngēng dēngjī rìqī

워 야오 삐엔끄엉 떵찌 르치

---

지금 탑승수속을 할 수 있나요?

## 现在可以办登机手续吗?

Xiànzài kěyǐ bàn dēngjī shǒuxù ma

시엔짜이 크어이 빤 떵찌 셔우쉬 마

---

여권을 보여주십시오.

## 请给我看一下您的护照。

Qǐng gěi wǒ kàn yíxià nín de hùzhào

칭 게이 워 칸 이시아 닌 더 후자오

---

Conversation

A: 您的行李超重了。

B: 要付多少钱?

수화물 중량이 초과됐습니다.

얼마를 내야 하죠?

>> 녹음을 듣고 소리내어 읽어볼까요?     << 듣기 >>

이 차는 하루에 얼마죠?

## 这辆车一天要多少钱?

Zhè liàng chē yītiān yào duōshǎo qián

쩌 리앙 처 이티엔 야오 뚜어샤오 치엔

선금을 내야 하나요?

## 要先付钱吗?

Yào xiān fùqián ma

야오 시엔 푸치엔 마

보증금은 얼마죠?

## 押金要多少?

Yājīn yào duōshǎo

야찐 야오 뚜어샤오

보험 요금이 포함되어 있나요?

## 包括保险费吗?

Bāokuò bǎoxiǎnfèi ma

빠오쿠어 바오시엔페이 마

도중에 차를 반환해도 되나요?

## 可以中途还车吗?

Kěyǐ zhōngtú huán chē ma

크어이 쫑투 후안 처 마

다른 지역에서 차를 반환해도 되나요?

## 可以在外地还车吗?

Kěyǐ zài wàidì huán chē ma

크어이 짜이 와이띠 후안 처 마

Conversation

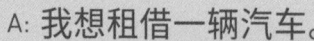

A: 我想租借一辆汽车。

B: 您要什么型的车?

차 한 대 렌트하고 싶은데요.

어떤 차종을 원하십니까?

# 자동차를 운전할 때

>> 녹음을 듣고 소리내어 읽어볼까요?

<< 듣기 >>

차를 운전할 줄 아세요?

## 你会开车吗?

Nǐ huì kāichē ma

니 후에이 카이처 마

---

근처에 주유소 있어요?

## 这附近有没有加油站?

Zhè fùjìn yǒuméiyǒu jiāyóuzhàn

쩌 푸진 여우메이여우 지아여우짠

---

보통 휘발유로 가득 채워 주세요.

## 要一般汽油，请装满。

Yào yìbān qìyóu, qǐng zhuāng mǎn

야오 이빤 치여우, 칭 주앙 만

---

펑크가 났어요.

## 有个轮胎爆胎了。

Yǒu gè lúntāi bàotāile

여우 꺼 룬타이 빠오타이러

---

이 부근에 주차장이 있나요?

## 这附近有停车场没有?

Zhè fùjìn yǒu tíngchēchǎng méiyǒu

쩌 푸찐 여우 팅처창 메이여우

---

이곳에 주차해도 될까요?

## 这儿可以停车吗?

Zhèr kěyǐ tíngchē ma

쩔 크어이 팅처 마

---

Conversation

A: 你会开车吗?

B: 我拿到了驾驶执照。

운전할 줄 알아요?

운전면허증 땄어요.

Unit
09

# 길을 잃었을 때

>> 녹음을 듣고 소리내어 읽어볼까요?

<< 듣기 >>

제가 길을 잘못 들었나요?

## 是我走错了吗?

Shì wǒ zǒu cuòle ma

스 워 저우 추어러 마

길을 잃었어요.

## 我迷路了。

Wǒ mílùle

워 미루러

어디에 가시죠?

## 去哪里?

Qù nǎli

취 나리

길을 잘못 드셨네요.

## 你走错路了。

Nǐ zǒucuòlùle

니 저우추어루러

이 길이 아닌가요?

## 不是这条路吗?

Búshì zhè tiáo lù ma

부스 쩌 티아오 루 마

차를 잘못 타셨어요.

## 你搭错车了。

Nǐ dā cuòchēle

니 따 추어처러

Conversation

A: 我要去颐和园, 可是我迷路了。

B: 不好意思, 我也不是本地人。

이화원에 가려고 하는데 길을 잃었어요.
미안합니다, 저도 여기 사람이 아니에요.

132 • 왕초보 중국어회화 첫걸음_여행표현

# 교통사고가 났을 때

>> 녹음을 듣고 소리내어 읽어볼까요?

듣기

교통사고가 났어요.

出事故了。

Chū shìgù le

추 스꾸 러

어서 신고하세요.

快打电话报警。

Kuài dădiànhuà bàojǐng

쿠아이 다띠엔후아 빠오징

구급차를 불러 주세요.

快叫救护车。

Kuài jiào jiùhùchē

쿠아이 지아오 지어우후처

저를 병원으로 데려가 주시겠어요?

请送我到医院可以吗?

Qǐng sòng wǒ dào yīyuàn kěyǐ ma

칭 쏭 워 따오 이위엔 크어이 마

당시 상황을 알려주세요.

请告诉我当时的情况。

Qǐng gàosu wǒ dāngshí de qíngkuàng

칭 까오쑤 워 땅스 더 칭쿠앙

상황이 잘 기억나지 않아요.

记不清是什么情况了。

Jìbùqīng shì shénme qíngkuàng le

지뿌칭 스 션머 칭쿠앙 러

Conversation

A: 你没事吧?

B: 我没事, 可是一动也动不了了。

괜찮으세요?

전 괜찮은데 움직일 수가 없어요.

● 앞에서 배운 대화 내용의 병음입니다. 녹음을 듣고 또박또박 읽어 보세요.

**Unit 01** 길을 물을 때

A: Qǐngwèn zhè shì shénmedìfang?

B: Zhèli shì Wángfǔjǐngdàjiē.

**Unit 02** 택시를 탈 때

A: Shīfu, qù Běijīngfàndiàn.

B: Hǎo de, nǐ yào zǒu nǎ tiáo lù?

**Unit 03** 버스를 탈 때

A: Qù Qiánmén yào zuòjǐlùchē?

B: Méiyǒu zhídá de, yào dǎochē.

**Unit 04** 지하철을 탈 때

A: Cóng zhèli dào Xīzhímén zěnme zǒu?

B: Zuò dìtiě ba, dìtiě zuì kuài.

**Unit 05** 열차를 탈 때

A: Qù Běijīng de lièchē yǒu zuòwèi ma?

B: Yǒu, nǐ yào jǐzhāng?

**Unit 06** 비행기를 탈 때

A: Nín de xíngli chāozhòngle.

B: Yào fù duōshao qián?

**Unit 07** 렌터카

A: Wǒ xiǎng zūjiè yíliàng qìchē.

B: Nín yào shénme xíng de chē?

**Unit 08** 자동차를 운전할 때

A: Nǐ huì kāichē ma?

B: Wǒ nádàole jiàshǐzhízhào.

**Unit 09** 길을 잃었을 때

A: Wǒ yào qù Yíhéyuán, kěshì wǒ mílùle.

B: Bùhǎoyìsi, wǒ yě búshì běndìrén.

**Unit 10** 교통사고가 났을 때

A: Nǐ méishì ba?

B: Wǒ méishì, kěshì yídòng yě dòng bu liǎole.

# PART

## 11

旅行表达

✿ 만만하게
✿ 눈으로 읽고
✿ 귀로 듣고
✿ 입으로 소리내어 말한다!

# 관광

## Unit 01 관광안내소에서

듣기

>> 녹음을 듣고 소리내어 읽어볼까요?

안내소는 어디에 있어요?

# 问讯处在哪里？

Wènxùnchù zài nǎli

원쉰추 짜이 나리

관광지도 좀 주세요.

# 请给我一张观光地图。

Qǐng gěi wǒ yìzhāng guānguāngdìtú

칭 게이 워 이짱 꾸안꾸앙띠투

여기에는 어떤 명승지가 있어요?

# 这里都有什么名胜？

Zhèli dōu yǒu shénme míngshèng

쩌리 떠우 여우 션머 밍셩

당일치기로 어디가 좋을까요?

# 一日游去哪里好呢？

Yírì yóu qù nǎli hǎo ne

이르 여우 취 나리 하오 너

할인 티켓은 없나요?

# 有没有打折票？

Yǒuméiyǒu dǎzhé piào

여우메이여우 다저 피아오

여기서 걸어서 갈 수 있어요?

# 从这里可以走着去吗？

Cóng zhèli kěyǐ zǒuzhe qù ma

총 쩌리 크어이 저우저 취 마

---

**Conversation**

A: 请问，这附近有没有好玩儿的地方？

B: 这儿离天坛公园很近，可以走着去。

저기요, 근처에 좋은 곳이 있나요?

티엔탄 공원이 가까워요. 걸어서 갈 수 있어요.

투어는 어떤 게 있나요?

## 都有哪种旅游路线?

Dōu yǒu nǎ zhǒng lǚyóu lùxiàn

떠우 여우 나 종 뤼여우 루시엔

---

투어 팜플렛 좀 주세요.

## 请给我一份介绍手册。

Qǐng gěi wǒ yífèn jièshào shǒucè

칭 게이 워 이펀 지에샤오 셔우처

---

투어는 몇 시간 걸리나요?

## 这个旅游时间需要多长?

Zhège lǚyóu shíjiān xūyào duō cháng

쩌거 뤼여우 스찌엔 쉬야오 뚜어 창

---

어디서 출발하나요?

## 从哪儿出发?

Cóng nǎr chūfā

총 날 추파

---

야간투어는 있어요?

## 有晚上的旅游吗?

Yǒu wǎnshang de lǚyóu ma

여우 완샹 더 뤼여우 마

---

한국어 가이드는 있나요?

## 有韩国语导游吗?

Yǒu Hánguóyǔ dǎoyóu ma

여우 한구어위 다오여우 마

---

Conversation

A: 我想游览一下北京市。

B: 您要游览一天，还是?

베이징 시내 관광을 하고 싶은데요.

당일 코스를 원하십니까, 아니면?

듣기

저기요, 입장권은 얼마죠?

# 请问，门票多少钱?

Qǐngwèn, ménpiào duōshao qián

칭원, 먼피아오 뚜어샤오 치엔

어디서 케이블카를 탈 수 있나요?

# 在哪里可以坐缆车?

Zài nǎlǐ kěyǐ zuò lǎnchē

짜이 나리 크어이 쭈어 란처

전망대는 어떻게 올라가죠?

# 展望台怎么上去?

Zhǎnwàngtái zěnme shàngqù

잔왕타이 전머 샹취

몇 시에 돌아와요?

# 几点回来?

Jǐ diǎn huílái

지 디엔 후에이라이

시간은 얼마나 있어요?

# 有多长时间?

Yǒu duōcháng shíjiān

여우 뚜어창 스지엔

여행 가이드가 필요해요.

# 我需要导游。

Wǒ xūyào dǎoyóu

워 쉬야오 다오여우

Conversation

A: 请问, 门票多少钱?
B: 大人70块, 学生半价。

말씀 좀 여쭐게요, 입장권이 얼마죠?
어른은 70위안, 학생은 반값입니다.

# 관람할 때

여기서 티켓을 예약할 수 있나요?

## 在这里能预订票吗?
Zài zhèli néng yùdìng piào ma
짜이 쩌리 넝 위딩 피아오 마

---

몇 시에 시작되죠?

## 几点开始?
Jǐdiǎn kāishǐ
지디엔 카이스

---

몇 명이면 단체표를 살 수 있죠?

## 多少人可以买团体票?
Duōshao rén kěyǐ mǎi tuántǐpiào
뚜어샤오 런 크어이 마이 투안티피아오

---

이 티켓으로 모든 전시를 볼 수 있나요?

## 用这张票可以看所有展览吗?
Yòng zhè zhāng piào kěyǐ kàn suǒyǒu zhǎnlǎn ma
용 쩌 짱 피아오 크어이 칸 쑤어여우 잔란 마

---

무료 팸플릿은 있나요?

## 有免费的小册子吗?
Yǒu miǎnfèi de xiǎocèzi ma
여우 미엔페이 더 시아오처즈 마

---

지금 들어가도 되나요?

## 现在也可以进去吗?
Xiànzài yě kěyǐ jìnqù ma
시엔짜이 이에 크어이 진취 마

---

Conversation

A: 这张票可以退票吗?

B: 表演已经开始了, 不能退。

이 표를 환불할 수 있나요?

공연이 벌써 시작되어 환불이 불가능합니다.

# 사진촬영을 부탁할 때

>> 녹음을 듣고 소리내어 읽어볼까요?

<< 듣기 >>

여기서 사진을 찍어도 될까요?

## 这儿可以拍照吗?

Zhèr kěyǐ páizhào ma

쩔 크어이 파이짜오 마

---

우리 같이 찍어요.

## 我们照一张合影吧。

Wǒmen zhào yìzhāng héyǐng ba

워먼 짜오 이짱 흐어잉 바

---

여기서 우리들 좀 찍어 주세요.

## 请在这里给我们照相。

Qǐng zài zhèli gěi wǒmen zhàoxiàng

칭 짜이 쩌리 게이 워먼 짜오시앙

---

사진 한 장 찍어주실래요?

## 请帮我们照一张, 好吗?

Qǐng bāng wǒmen zhào yìzhāng, hǎo ma

칭 빵 워먼 짜오 이짱, 하오 마

---

찍을게요. 웃으세요.

## 要照了, 笑一笑。

Yào zhàole, xiào yíxiào

야오 짜오러, 시아오 이시아오

---

다시 한번 부탁할게요.

## 请再照一张。

Qǐng zài zhào yìzhāng

칭 짜이 짜오 이짱

---

Conversation

A: 请在这里给我们照一张相。

B: 好, 我数一二三, 大家跟我说茄子。

여기서 사진 좀 찍어주세요.

네, 하나, 둘, 셋, 모두 김치.

# 노래방·클럽·바에서

---

이 근방에 노래방 있나요?

## 这附近有没有歌舞厅?

Zhè fùjìn yǒuméiyǒu gēwǔtīng

쩌 푸찐 여우메이여우 끄어우팅

---

한국 노래를 할 줄 아세요?

## 你会唱韩国歌吗?

Nǐ huì chàng Hánguó gē ma

니 후에이 창 한구어 끄어 마

---

이 근방에 나이트 있나요?

## 这附近有夜总会吗?

Zhè fùjìn yǒu yèzǒnghuì ma

쩌 푸찐 여우 이에종후에이 마

---

예약을 해야 하나요?

## 要不要预订?

Yàobúyào yùdìng

야오부야오 위딩

---

입장료는 얼마죠?

## 门票一张多少钱?

Ménpiào yìzhāng duōshǎo qián

먼피아오 이짱 뚜어샤오 치엔

---

함께 춤을 추시겠습니까?

## 可以跟您跳个舞吗?

Kěyǐ gēn nín tiào gè wǔ ma

크어이 끄언 닌 티아오 끄어 우 마

---

**Conversation**

A: 你先唱一首吧。

B: 我唱得不好听。

노래 한 곡 해봐요!

안 돼요. 난 노래 못해요.

>> 녹음을 듣고 소리내어 읽어볼까요?   << 듣기 >>

도와주세요!

**请帮帮忙!**

Qǐng bāngbangmáng

칭 빵방망

---

빨리 구급차를 불러 주세요!

**快叫救护车!**

Kuài jiào jiùhùchē

쿠아이 지아오 지어우후처

---

빨리 의사를 불러 주세요.

**快叫医生。**

Kuài jiào yīshēng

쿠아이 지아오 이성

---

빨리 경찰을 불러요!

**快叫警察!**

Kuài jiào jǐngchá

쿠아이 지아오 징차

---

응급실은 어디죠?

**急诊处在哪儿?**

Jízhěnchù zài nǎr

지전추 짜이 날

---

움직일 수 없어요. 도와주세요.

**我动不了了,请帮帮我。**

Wǒ dòng bù liǎole, qǐng bāngbang wǒ

워 동 부 리아오러, 칭 빵방 워

Conversation

A: **请帮我报警。**

B: **你怎么样?**

경찰에 신고해주세요.

당신은 어떻습니까?

# 위급한 상황일 때

위험해요!

## 危险!
Wēixiǎn
웨이시엔

---

조심해요, 차가 오잖아요.

## 当心! 汽车来了。
Dāngxīn! Qìchē láile
땅신! 치처 라이러

---

조심해서 건너세요.

## 小心过马路!
Xiǎoxīn guòmǎlù
시아오신 꾸어마루

---

사람 살려요!

## 救人啊!
Jiùrén a
지어우런 아

---

누구 없어요!

## 来人啊!
Láirén a
라이런 아

---

비켜요!

## 让一让!
Ràngyīràng
랑이랑

---

Conversation

A: 小心! 汽车来了。

B: 我看是绿灯, 车怎么横冲过来呢?

조심해요! 자동차가 오잖아요.
초록색 불인데 어째서 차가 지나가는 거죠?

>> 녹음을 듣고 소리내어 읽어볼까요?

《《 듣기 》》

좀 도와주세요.

# 请你帮帮忙吧。

Qǐng nǐ bāngbangmáng ba

칭 니 빵방망 바

---

문제가 생겼어요.

# 有问题了。

Yǒu wèntí le

여우 원티 러

---

큰일 났어요.

# 不好了。

Bùhǎo le

뿌하오 러

---

아이가 안 보여요, 어쩌죠?

# 孩子不见了，怎么办?

Háizi bújiànle, zěnmebàn

하이즈 부지엔러, 전머빤

---

여권을 잃어버렸어요.

# 我丢了护照。

Wǒ diūle hùzhào

워 띠어우러 후짜오

---

무슨 좋은 방법은 없을까요?

# 没有什么好办法吗?

Méiyǒu shénme hǎo bànfǎ ma

메이여우 선머 하오 빤파 마

---

Conversation

A: 我丢了护照, 怎么办好呢?

B: 先给领事馆打电话吧。

여권을 잃어버렸는데 어쩌면 좋죠?

먼저 영사관에 전화하세요.

# 말이 통하지 않을 때

>> 녹음을 듣고 소리내어 읽어볼까요?

<< 듣기 >>

중국어 할 줄 아세요?

## 你会说汉语吗?
Nǐ huì shuō Hànyǔ ma
니 후에이 쑤어 한위 마

중국어를 할 줄 몰라요.

## 我不会说汉语。
Wǒ búhuì shuō Hànyǔ
워 부후에이 쑤어 한위

천천히 말씀해 주시면 알겠습니다.

## 你慢点儿说，我会明白的。
Nǐ màn diǎnr shuō, wǒ huì míngbái de
니 만 디알 쑤어, 워 후에이 밍빠이 더

그건 무슨 뜻이죠?

## 那是什么意思?
Nà shì shénme yìsi
나 스 션머 이쓰

좀 써 주세요.

## 请写一下。
Qǐng xiě yíxià
칭 시에 이시아

한국어로 된 건 없나요?

## 有没有用韩语写的?
Yǒuméiyǒu yòng Hányǔ xiě de
여우메이여우 용 한위 시에 더

Conversation

A: 对不起, 我不懂汉语。

B: 你是哪儿来的?

죄송합니다, 전 중국어를 모릅니다.
어디서 오셨어요?

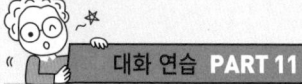

● 앞에서 배운 대화 내용의 병음입니다. 녹음을 듣고 또박또박 읽어 보세요.

### Unit 01 관광안내소에서

A: Qǐngwèn, zhè fùjìn yǒuméiyǒu hǎowánr de dìfang?

B: Zhèr lí Tiāntán gōngyuán hěn jìn, kěyǐ zǒuzhe qù.

### Unit 02 관광버스 · 투어를 이용할 때

A: Wǒ xiǎng yóulǎn yíxià Běijīngshì.

B: Nín yào yóulǎn yìtiān, háishì?

### Unit 03 관광지에서

A: Qǐngwèn, ménpiào duōshao qián?

B: Dàrén qīshí kuài, xuéshēng bànjià.

### Unit 04 관람할 때

A: Zhè zhāng piào kěyǐ tuìpiào ma?

B: Biǎoyǎn yǐjīng kāishǐle, bùnéng tuì.

### Unit 05 사진촬영을 부탁할 때

A: Qǐng zài zhèli gěi wǒmen zhàoyìzhāngxiàng.

B: Hǎo wǒ shǔ yīèrsān, dàjiā gēn wǒ shuō qiézi.

### Unit 06 노래방 · 클럽 · 바에서

A: Nǐ xiān chàng yìshǒu ba.

B: Wǒ chàng de bù hǎotīng.

### Unit 07 도움을 청할 때

A: Qǐng bāng wǒ bàojǐng.

B: Nǐ zěnmeyàng?

### Unit 08 위급한 상황일 때

A: Xiǎoxīn! qìchē láile.

B: Wǒ kàn shì lǜdēng, chē zěnme héng chōng guòlái ne?

### Unit 09 난처할 때

A: Wǒ diūle hùzhào, zěnmebàn hǎo ne?

B: Xiān gěi lǐngshìguǎn dǎ diànhuà ba.

### Unit 10 말이 통하지 않을 때

A: Duìbuqǐ, wǒ bùdǒng Hànyǔ.

B: Nǐ shì nǎr lái de?

# 12 PART

旅行表达

✿ 만만하게
✿ 눈으로 읽고
✿ 귀로 듣고
✿ 입으로 소리내어 말한다!

# 쇼핑

## Unit 01 가게를 찾을 때

이 도시의 쇼핑가는 어디에 있죠?　　

### 这个城市的购物街在哪里?

Zhège chéngshì de gòuwù jiē zài nǎli

쩌거 청스 더 꺼우우 지에 짜이 나리

---

선물은 어디서 살 수 있죠?　　

### 在哪儿可以买到礼物?

Zài nǎr kěyǐ mǎidào lǐwù

짜이 날 크어이 마이따오 리우

---

면세점은 있나요?　　

### 有免税店吗?

Yǒu miǎnshuìdiàn ma

여우 미엔수에이띠엔 마

---

이 주변에 백화점은 있나요?　　

### 这附近有百货商店吗?

Zhè fùjìn yǒu bǎihuòshāngdiàn ma

쩌 푸진 여우 바이후어샹띠엔 마

---

편의점을 찾고 있는데요.　　

### 我在找便利店。

Wǒ zài zhǎo biànlìdiàn

워 짜이 자오 삐엔리디엔

---

이 주변에 할인점은 있나요?　　

### 这附近有没有超市?

Zhè fùjìn yǒuméiyǒu chāoshì

쩌 푸진 여우메이여우 차오스

---

Conversation　　

A: 这个城市的购物街在哪里?

B: 很多呀。不过南京东路最热闹。

이 도시의 쇼핑가는 어디에 있습니까?

많아요. 그런데 난징똥루가 가장 번화하죠.

 **쇼핑센터에서**

 >> 녹음을 듣고 소리내어 읽어볼까요?   << 듣기 >>

엘리베이터는 어디서 타죠?

## 在哪儿坐电梯?

Zài nǎr zuò diàntī

짜이 날 쭈어 띠엔티

---

안내소는 어디에 있죠?

## 咨询处在哪儿?

Zīxúnchù zài nǎr

쯔쉰추 짜이 날

---

문방구 매장을 찾는데요.

## 我找文具柜台。

Wǒ zhǎo wénjùguìtái

워 자오 원쮜꾸에이타이

---

전기용품은 몇 층에서 팔죠?

## 电器产品在几楼卖?

Diànqìchǎnpǐn zài jǐ lóu mài

띠엔치찬핀 짜이 지 러우 마이

---

상품권을 사용할 수 있나요?

## 可以用信用卡吗?

Kěyǐ yòng xìnyòngkǎ ma

크어이 용 신용카 마

---

세일은 언제 시작했죠?

## 打折什么时候开始的?

Dǎzhé shénmeshíhou kāishǐ de

다저 션머스허우 카이스 더

---

Conversation

A: 请问, 这附近有百货商店吗?

B: 邮局对面就有一家百货商店。

실례지만, 이 근처에 백화점이 있습니까?

우체국 맞은편에 백화점이 하나 있습니다.

무엇을 찾으십니까?

**您想买点什么?**

Nín xiǎng mǎi diǎn shénme

닌 시앙 마이 디엔 션머

구경 좀 하고 있어요.

**不买什么，只是看看。**

Bù mǎi shénme, zhǐshì kànkan

뿌 마이 션머, 즈스 칸칸

여기 잠깐 봐 주시겠어요?

**请过来一下。**

Qǐng guòlái yíxià

칭 꾸어라이 이시아

이것 좀 보여주세요.

**请给我看看这个。**

Qǐng gěi wǒ kànkan zhège

칭 게이 워 칸칸 쩌거

차를 사고 싶은데요.

**我想买点儿茶叶。**

Wǒ xiǎng mǎi diǎnr cháyè

워 시앙 마이 디알 차이에

이것과 같은 건 있어요?

**有和这个一样的吗?**

Yǒu hé zhège yíyàng de ma

여우 흐어 쩌거 이양 더 마

Conversation

A: 买什么礼物合适呢?

B: 茶或酒类怎么样?

어떤 선물을 사면 적당할까요?

차나 술은 어떠세요?

다른 스타일은 있습니까?

## 有没有别的款式?

Yǒuméiyǒu biéde kuǎnshì

여우메이여우 비에더 쿠안스

---

이것보다 작은 것 있나요?

## 有没有比这个小的?

Yǒuméiyǒu bǐ zhège xiǎo de

여우메이여우 비 쩌거 시아오 더

---

만져 봐도 됩니까?

## 摸摸看可以吗?

Mōmō kàn kěyǐ ma

모어모어 칸 크어이 마

---

좀 싼 것은 없습니까?

## 有便宜一点儿的吗?

Yǒu piányi yìdiǎnr de ma

여우 피엔이 이디알 더 마

---

이것은 진짜 맞습니까?

## 这是不是真的?

Zhè shìbúshì zhēn de

쩌 스부스 쩐 더

---

이것으로 하겠습니다.

## 我要这个。

Wǒ yào zhège

워 야오 쩌거

---

Conversation

A: 你决定买哪个了吗?

B: 还没决定。

어떤 걸로 살지 결정했어요?

아직 결정 못했어요.

>> 녹음을 듣고 소리내어 읽어볼까요?     《《 듣기 》》

좀 싸게 주실 수 없나요?

### 价钱能不能便宜点?
Jiàqián néngbùnéng piányi diǎn
지아치엔 넝뿌넝 피엔이 디엔

조금만 더 싸면 제가 살게요.

### 再便宜点儿我就买了。
Zài piányi diǎnr wǒ jiù mǎile
짜이 피엔이 디알 워 지어우 마이러

조금만 더 싸게 해주세요.

### 再让一点儿价钱吧。
Zài ràng yìdiǎnr jiàqián ba
짜이 랑 이디알 지아치엔 바

가격이 좀 비싼 것 같은데요.

### 我觉得价格有点高。
Wǒ juéde jiàgé yǒudiǎn gāo
워 쥐에더 지아거 여우디엔 까오

너무 비싸요, 더 깎아주세요.

### 太贵了, 再便宜点儿吧。
Tài guì le, zài piányi diǎnr ba
타이 꾸에이 러, 짜이 피엔이 디알 바

여기는 정찰제입니다.

### 这里不讲价。
Zhèli bù jiǎngjià
쩌리 뿌 지앙지아

Conversation

A: 太贵了, 便宜一点儿吧。
B: 真是对不起, 不能降价的。

너무 비싸요, 조금 깎아주세요.
정말 죄송한데, 가격을 낮출 수 없습니다.

# 물건값을 계산할 때

어디서 계산하죠?

## 在哪儿付钱?

Zài nǎr fùqián

짜이 날 푸치엔

---

여기서 계산합니까?

## 在这儿付钱吗?

Zài zhèr fùqián ma

짜이 쩔 푸치엔 마

---

얼마예요?

## 多少钱?

Duōshǎo qián

뚜어샤오 치엔

---

모두 얼마예요?

## 一共多少钱?

Yígòng duōshǎo qián

이꽁 뚜어샤오 치엔

---

신용카드로 계산해도 되나요?

## 可以用信用卡付钱吗?

Kěyǐ yòng xìnyòngkǎ fùqián ma

크어이 용 신용카 푸치엔 마

---

영수증을 주세요.

## 请开一张发票。

Qǐng kāi yìzhāng fāpiào

칭 카이 이장 파피아오

---

Conversation

A: 我觉得好像是算多了。

B: 是吗?请稍等一会儿。我确认一下。

계산이 많이 나온 것 같아요.

그래요? 잠시만요. 확인해볼게요.

# 포장이나 배달을 원할 때

>> 녹음을 듣고 소리내어 읽어볼까요?                                    << 듣기 >>

함께 포장해 주세요.

## 一起包吧。

Yīqǐ bāo ba

이치 빠오 바

---

선물용으로 포장해 주시겠어요?

## 请按礼品包装，好吗?

Qǐng àn lǐpǐn bāozhuāng, hǎo ma

칭 안 리핀 빠오주앙, 하오 마

---

봉지에 넣어 주실래요?

## 请给装在袋子里，好吗?

Qǐng gěi zhuāngzài dàizi lǐ, hǎo ma

칭 게이 주앙짜이 따이즈 리, 하오 마

---

호텔까지 배달해 주실 수 있나요?

## 能送到饭店去吗?

Néng sòngdào fàndiàn qù ma

넝 쏭따오 판띠엔 취 마

---

이걸 한국으로 보내 주시겠어요?

## 请把这个寄到韩国，好吗?

Qǐng bǎ zhège jìdào Hánguó, hǎo ma

칭 바 쩌거 지따오 한구어, 하오 마

---

이것을 보관해 주시겠어요?

## 请保管一下这个，好吗?

Qǐng bǎoguǎn yíxià zhège, hǎo ma

칭 바오구안 이시아 쩌거, 하오 마

---

**Conversation**

A: 我买这件礼物，能免费包装吗?

B: 买包装纸，免费包装。

이 선물 사면 무료로 포장해주나요?

포장지를 사시면 무료로 포장해드립니다.

---

# 교환이나 환불을 원할 때

>> 녹음을 듣고 소리내어 읽어볼까요?

<< 듣기 >>

---

이것을 교환하고 싶은데요.

## 我想换一下这个。

Wǒ xiǎng huàn yíxià zhège

워 시앙 후안 이시아 쩌거

---

다른 걸로 바꿔주실 수 있어요?

## 能给我换另一件吗?

Néng gěi wǒ huàn lìngyī jiàn ma

넝 게이 워 후안 링이 지엔 마

---

품질이 안 좋은데 바꿔주세요.

## 质量低劣, 请给我更换。

Zhìliáng dīliè, qǐng gěi wǒ gēnghuàn

쯔리앙 띠리에, 칭 게이 워 끄엉후안

---

이것을 반품할 수 있나요?

## 这个可以退吗?

Zhège kěyǐ tuì ma

쩌거 크어이 투에이 마

---

이것을 환불할 수 있나요?

## 这个能退钱吗?

Zhège néng tuì qián ma

쩌거 넝 투에이 치엔 마

---

영수증 여기 있어요.

## 这儿有收据。

zhèr yǒu shōujù

쩔 여우 셔우쥐

---

Conversation

A: 这件衣服有毛病，请给我换一件

B: 真对不起, 我马上给您换一件。

이 옷에는 흠집이 있는데, 다른 것으로 바꿔주세요.
정말 미안합니다. 바로 바꿔드리겠습니다.

>> 녹음을 듣고 소리내어 읽어볼까요?　《〈 듣기 〉》

열차 안에 지갑을 두고 내렸어요.

## 钱包丢在火车上了。

Qiánbāo diūzài huǒchē shàng le

칭빠오 띠어우짜이 후어처 샹 러

신용카드를 잃어버렸어요.

## 我丢了信用卡。

Wǒ diūle xìnyòngkǎ

워 띠어우러 신용카

여기서 카메라 못 보셨어요?

## 在这儿没看到照相机吗?

Zài zhèr méi kàndào zhàoxiàngjī ma

짜이 쩔 메이 칸따오 짜오시앙지 마

분실물 센터는 어디에 있어요?

## 领取丢失物品的地方在哪里?

Lǐngqǔ diūshīwùpǐn de dìfang zài nǎli

링취 띠어우스우핀 더 디팡 짜이 나리

여권을 잃어버렸는데 좀 찾아주시겠어요?

## 我把护照丢了，能帮我找找吗?

Wǒ bǎ hùzhào diūle, néng bāng wǒ zhǎozhao ma

워 바 후짜오 띠어우러, 넝 빵 워 자오자오 마

어디서 잃어버렸는지 모르겠어요.

## 我不知道是在哪儿丢的。

Wǒ bùzhīdao shì zài nǎr diū de

워 뿌즈다오 스 짜이 날 띠어우 더

---

Conversation

A: 您有什么事吗?

B: 我的护照丢了。现在怎么办?

무슨 일로 오셨습니까?

제 여권을 잃어버렸습니다. 이제 어쩌죠?

# 도난당했을 때

거기 서! 도둑이야!

## 站住! 小偷!

Zhànzhù! Xiǎotōu

짠주! 시아오터우

저놈이 내 가방을 뺏어갔어요!

## 是他把我的提包拿走了。

Shì tā bǎ wǒ de tíbāo názǒule

스 타 바 워 더 티빠오 나저우러

저전거를 도둑맞았어요!

## 我的自行车被偷了。

Wǒ de zìxíngchē bèi tōule

워 더 쯔싱처 뻬이 터우러

지갑을 소매치기 당한 것 같아요.

## 钱包被小偷偷走了。

Qiánbāo bèi xiǎotōu tōuzǒule

치엔빠오 베이 시아오터우 터우저우러

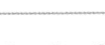

돈은 얼마나 잃어버렸어요?

## 丢了多少钱?

Diūle duōshǎo qián

띠어우러 뚜어샤오 치엔

경찰에 신고하실래요?

## 你要报警吗?

Nǐ yào bàojǐng ma

니 야오 빠오징 마

Conversation

A: 有什么倒霉事儿?

B: 上午逛街的时候, 钱包被小偷偷走了。

무슨 재수없는 일이 있어요?

오전에 쇼핑할 때 지갑을 도둑맞았어요.

● 앞에서 배운 대화 내용의 병음입니다. 녹음을 듣고 또박또박 읽어 보세요.

**Unit 01** 가게를 찾을 때

A: Zhège chéngshì de gòuwù jiē zài nǎli?

B: Hěnduō ya. Búguò Nánjīngdōnglù zuì rènao.

**Unit 02** 쇼핑센터에서

A: Qǐngwèn, zhè fùjìn yǒu bǎihuòshāngdiàn ma?

B: Yóujú duìmiàn jiù yǒu yìjiā bǎihuòshāngdiàn.

**Unit 03** 물건을 찾을 때

A: Mǎi shénme lǐwù héshì ne?

B: Chá huò jiǔlèi zěnmeyàng?

**Unit 04** 물건을 고를 때

A: Nǐ juédìng mǎi nǎge le ma?

B: Hái méi juédìng.

**Unit 05** 물건값을 흥정할 때

A: Tài guì le, piányi yìdiǎnr ba.

B: Zhēnshì duìbuqǐ, bùnéng jiàngjià de.

**Unit 06** 물건 값을 계산할 때

A: Wǒ juéde hǎoxiàng shì suàn duō le.

B: Shì ma? Qǐng shāo děng yíhuìr. Wǒ quèrèn yíxià.

**Unit 07** 포장이나 배달을 원할 때

A: Wǒ mǎi zhè jiàn lǐwù, néng miǎnfèi bāozhuāng ma?

B: Mǎi bāozhuāngzhǐ, miǎnfèi bāozhuāng.

**Unit 08** 교환이나 환불을 원할 때

A: Zhè jiàn yīfú yǒu máobìng, qǐng gěi wǒ huàn yíjiàn.

B: Zhēn duìbùqǐ, wǒ mǎshàng gěi nín huàn yíjiàn.

**Unit 09** 물건을 분실했을 때

A: Nín yǒu shénmeshì ma?

B: Wǒ de hùzhào diūle. Xiànzài zěnmebàn?

**Unit 10** 도난당했을 때

A: Yǒu shénme dǎoméi shìer?

B: Shàngwǔ guàngjiē de shíhou, qiánbāo bèi xiǎotōu tōuzǒule.

**PART 13**

日常表达

✿ 만만하게
✿ 눈으로 읽고
✿ 귀로 듣고
✿ 입으로 소리내어 말한다!

# 하루일과

# 아침에 일어나서

>> 녹음을 듣고 소리내어 읽어볼까요?

《 듣기 》

---

일어날 시간이야.

## 该起床了。
Gāi qǐchuángle
까이 치추앙러

---

어서 일어나라! 학교 가야지.

## 快起床! 该上学了。
Kuài qǐchuáng! Gāi shàngxuéle
쿠아이 치추앙! 까이 샹쉬에러

---

좀 더 잘게요.

## 再睡会儿。
Zài shuì huìr
짜이 수에이 후알

---

잘 잤어요?

## 睡得好吗?
Shuì de hǎo ma
수에이 더 하오 마

---

잘 못 잤어요. 무서운 꿈을 꿨어요.

## 没睡好。做了一个恶梦。
Méi shuì hǎo. Zuòle yígè èmèng
메이 수에이 하오. 쭈어러 이꺼 어멍

---

잘 잤어요.

## 睡好了。
Shuì hǎo le
수에이 하오 러

---

Conversation

A: 您睡得好吗?

B: 好，你也睡得好吗?

안녕히 주무셨어요?
그래, 너도 잘 잤니?

# Unit 02 아침 준비

화장실에 갈게요.

## 我上个厕所。
Wǒ shànggè cèsuǒ
워 샹거 처쑤어

---

세수했니?

## 洗脸了吗?
Xǐliǎnle ma
시리엔러 마

---

이를 닦아라.

## 去刷刷牙。
Qù shuāshua yá
취 수아수아 야

---

먼저 면도를 해야겠어.

## 我得先刮胡子。
Wǒ děi xiān guāhúzi
워 데이 시엔 꾸아후즈

---

머리를 빗었니?

## 梳头了吗?
Shūtóule ma
수터우러 마

---

아침은 꼭 챙겨 먹어요.

## 一定吃早饭。
Yídìng chī zǎofàn
이딩 츠 자오판

---

**Conversation**

A: 要茶吗?

B: 好的。

차 드릴까요?

네, 주세요.

>> 녹음을 듣고 소리내어 읽어볼까요?   << 듣기 >>

빨리 서둘러요, 늦겠어요.

# 快点弄，要晚了。

Kuài diǎn nòng, yāo wǎnle

쿠아이 디엔 농, 야오 완러

벌써 8시잖아요. 얼른 출근하세요.

# 已经8点了，你赶快上班去吧。

Yǐjīng bādiǎn le, nǐ gǎnkuài shàngbān qù ba

이찡 빠디엔 러, 니 간쿠아이 샹빤 취 러

언니, 화장을 다 했어. 어때?

# 姐姐，妆化好了，怎么样?

Jiějie, zhuāng huà hǎo le, zěnmeyàng

지에지에, 주앙 후아 하오 러, 전머양

오늘 우산 꼭 챙겨서 나가요.

# 今天一定要带雨伞出去啊。

Jīntiān yídìng yào dài yǔsǎn chūqù a

찐티엔 이딩 야오 따이 위싼 추취 아

아차, 핸드폰 챙기는 걸 깜박했어요.

# 糟了，我忘带手机了。

Zāole, wǒ wàng dài shǒujī le

짜오러, 워 왕 따이 셔우지 러

다녀올게요.

# 我走了。

Wǒ zǒu le

워 저우 러

Conversation

A: 要去学校了。

B: 路上小心，平安回来。

학교 다녀오겠습니다.

차 조심하고, 잘 다녀와.

>> 녹음을 듣고 소리내어 읽어볼까요? 《 듣기 》

방을 깨끗이 청소해라.

**把屋子清扫干净。**

Bǎ wūzi qīngsǎo gānjìng

바 우즈 칭싸오 깐찡

---

금방 치울게요.

**我这就收拾。**

Wǒ zhè jiù shōushi

워 쩌 지어우 셔우스

---

오늘은 청소해야겠어.

**今天得打扫卫生。**

Jīntiān děi dǎsǎowèishēng

찐티엔 데이 다싸오웨이셩

---

청소를 도울게요.

**我帮你打扫吧。**

Wǒ bāng nǐ dǎsǎo ba

워 빵 니 다싸오 바

---

방 좀 치울 수 없니?

**你就不能收拾一下房间吗?**

Nǐ jiù bùnéng shōushí yīxià fángjiān ma

니 지어우 뿌넝 셔우스 이시아 팡지엔 마

---

좀 거들어줘요!

**请帮我个忙!**

Qǐng bāng wǒ gè máng

칭 빵 워 거 망

---

Conversation

A: 今天我们来个大扫除吧。

B: 好啊，正好天气也不错。

오늘 우리 대청소해요.

좋아요, 마침 날씨도 좋네요.

# 세탁

>> 녹음을 듣고 소리내어 읽어볼까요?  《 듣기 》

이 옷 세탁해야겠어요.

## 衣服该洗了。

Yīfu gāi xǐle

이푸 까이 시러

---

이 옷은 손으로 빨아 주세요.

## 这件衣服用手洗吧。

Zhè jiàn yīfu yòng shǒu xì ba

쩌 지엔 이푸 용 셔우 시 바

---

이 스커트는 세탁기에 돌리면 안 돼요.

## 这件裙子不能用洗衣机洗。

Zhè jiàn qúnzi bùnéng yòng xǐyījī xǐ

쩌 지엔 췬즈 뿌넝 용 시이찌 시

---

양복은 반드시 드라이클리닝을 해야 해요.

## 西装一定要干洗。

Xīzhuāng yídìng yào gānxǐ

시주앙 이띵 야오 깐시

---

빨래가 다 말랐으니 개어 놓으세요.

## 衣服都干了，叠一下吧。

Yīfu dōu gān le, dié yíxià ba

이푸 떠우 깐 러, 디에 이시아 바

---

이 셔츠 좀 다려 주실래요?

## 熨一下这件衬衫好吗?

Yùn yíxià zhè jiàn chènshān hǎo ma

윈 이시아 쩌 지엔 천산 하오 마

---

Conversation

A: 这件衬衫熨过吗?

B: 上个星期都熨好了。

이 와이셔츠 다린 거예요?

지난 주에 다 다려 놓은 건데.

# Unit 06 귀가

>> 녹음을 듣고 소리내어 읽어볼까요?                          《 듣기 》

엄마, 다녀왔습니다!

## 妈妈，我回来啦!

Māma, wǒ huílái la

마마, 워 후에이라이 러

---

오늘 너무 피곤해요!

## 今天非常累!

Jīntiān fēicháng lèi

찐티엔 페이창 레이

---

목욕하거라.

## 去洗澡吧!

Qù xǐzǎo ba

취 시자오 바

---

오늘 뭐 맛있는 거 있어요?

## 今天有什么好吃的?

Jīntiān yǒu shénme hǎochī de

찐티엔 여우 션머 하오츠 더

---

손 씻어라.

## 洗洗手。

Xǐxishǒu

시시셔우

---

숙제는 없니?

## 没有作业吗?

Méiyǒu zuòyè ma

메이여우 쭈어이에 마

---

Conversation

A: 我回来了。

B: 回来啦!

다녀왔어요.

오서 오렴.

# 요리를 할 때

양파 껍질 좀 벗겨 주세요.

**剥一下洋葱皮。**

Bāo yíxià yángcōng pí

빠오 이시아 양총 피

---

이 야채 좀 씻어 주세요.

**洗洗这些蔬菜。**

Xǐxi zhèxiē shūcài

시시 쩌시에 쑤차이

---

이 고기를 다져 주세요.

**把这个肉剁一下吧。**

Bǎ zhège ròu duò yíxià ba

바 쩌거 러우 뚜어 이시아 바

---

오늘은 무슨 요리를 하지?

**今天做什么料理?**

Jīntiān zuò shénme liàolǐ

찐티엔 쭈어 션머 리아오리

---

너무 오래 데치지 마세요.

**别焯太久。**

Bié chāo tài jiǔ

비에 차오 타이 지어우

---

생선찌개를 끓여 주세요.

**给我做鲜鱼汤。**

Gěi wǒ zuò xiānyú tāng

게이 워 쭈어 시엔위 탕

---

Conversation

A: 今天晚上做炸酱面吧。

B: 好啊，那要买猪肉吧。

오늘 저녁은 자장면을 만들어요.
좋아, 그럼 돼지고기를 사와야겠네.

# 저녁식사

>> 녹음을 듣고 소리내어 읽어볼까요?    << **듣기** >>

배고파요.

## 我饿了。
Wǒ èle
워 으어러

간식 있어요?

## 有点心吗?
Yǒu diǎnxin ma
여우 디엔신 마

밥 먹어라.

## 吃饭啦!
Chīfàn lā
츠판 라

더 주세요.

## 再盛一碗。
Zài chéng yìwǎn
짜이 청 이완

많이 먹었니?

## 吃好了吗?
Chīhǎole ma
츠하오러 마

잘 먹었어요.

## 吃好了。
Chīhǎole
츠하오러

Conversation

A: 饭做好了吗?
B: 还没做好呢。

밥 다 됐어요?
아직 안 됐어.

>> 녹음을 듣고 소리내어 읽어볼까요?   << 듣기 >>

샤워를 했더니 온몸이 개운해요.

# 洗完淋浴浑身舒服。

Xǐ wán ínyù húnshēn shūfu

시 완 인위 훈션 수푸

무슨 먹을 것 있어요?

# 有什么吃的东西?

Yǒu shénme chī de dōngxi

여우 션머 츠 더 똥시

너, 여지껏 텔레비전을 보고 있었니?

# 你现在正在看电视吗?

Nǐ xiànzài zhèngzài kàn diànshì ma

니 시엔짜이 정짜이 칸 띠엔스 마

자, 얘들아, 잠잘 시간이다.

# 快，孩子们，该睡觉了。

Kuài, háizǐmen, gāi shuìjiàole

쿠아이, 하이즈먼, 까이 수에이지아오러

알람은 맞춰놓았니?

# 上闹表了吗?

Shàng nàobiǎo le ma

샹 나오비아오 러 마

엄마, 안녕히 주무세요.

# 妈妈，晚安。

Māma, wǎn'ān

마마, 완안

Conversation

A: 我太困了，想睡了。

B: 早点儿睡吧。

전 너무 졸려서 이제 자고 싶어요.

일찍 자거라.

# 휴일

>> 녹음을 듣고 소리내어 읽어볼까요?　　　　　　　　　　《 듣기 》》

오늘은 무엇을 할래요?

## 今天你干什么?

Jīntiān nǐ gānshénme

찐티엔 니 깐션머

---

오늘은 집에 있어요, 아니면 밖에 나가요?

## 今天在家还是出去?

Jīntiān zài jiā háishì chūqù

찐티엔 짜이 지아 하이스 추취

---

어디로 놀러 가고 싶어요!

## 去哪儿玩儿玩儿吧!

Qùnǎr wánrwánr ba

취날 왈왈 바

---

햇빛이 이렇게 좋으니 산책이나 나갑시다.

## 太阳这么好，出去散散步吧。

Tàiyáng zhème hǎo, chūqu sànsanbù ba

타이양 쩌머 하오, 추취 싼산뿌 바

---

오늘은 아무 데도 안 나가요.

## 今天哪儿也不去。

Jīntiān nǎr yě búqù

찐티엔 날 이에 부취

---

시내에 나가서 물건 좀 사려고 해요.

## 上街买点儿东西。

Shàngjiē mǎi diǎnr dōngxi

샹지에 마이 디알 똥시

---

Conversation

A: 我们去散散步吧!

B: 行。

우리 산책이나 갑시다!

좋아요.

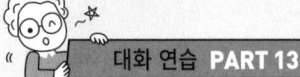 

● 앞에서 배운 대화 내용의 병음입니다. 녹음을 듣고 또박또박 읽어 보세요.

**Unit 01** 아침에 일어나서

A: Nín shuì de hǎo ma?

B: hǎo, nǐ yě shuì de hǎo ma?

**Unit 02** 아침 준비

A: Yào chá ma?

B: Hǎo de.

**Unit 03** 집을 나설 때

A: yāo qù xuéxiào le.

B: lùshang xiǎoxīn, píng'ān huílái.

**Unit 04** 집안 청소

A: Jīntiān wǒmen lái gè dàsǎochú ba.

B: Hǎo a, zhènghǎo tiānqì yě búcuò.

**Unit 05** 세탁

A: Zhè jiàn chènshān yùn guò ma?

B: Shànggè xīngqī dōu yùnhǎole.

**Unit 06** 귀가

A: Wǒ huíláile.

B: Huílái la!

**Unit 07** 요리를 할 때

A: Jīntiān wǎnshàng zuò zhájiàngmiàn ba.

B: hǎo a, nà yào mǎi zhūròu ba.

**Unit 08** 저녁식사

A: Fàn zuòhǎole ma?

B: Hái méi zuòhǎo ne.

**Unit 09** 저녁에 잘 때

A: Wǒ tài kùnle, xiǎng shuìle.

B: Zǎodiǎnr shuì ba.

**Unit 10** 휴일

A: Wǒmen qù sànsanbù ba!

B: Xíng.

# PART 14

日常表达

✿ 만만하게
✿ 눈으로 읽고
✿ 귀로 듣고
✿ 입으로 소리내어 말한다!

# 학교생활

# 출신학교와 전공

어느 학교에 다니세요?

## 你在哪个学校念书?

Nǐ zài nǎge xuéxiào niànshū

니 짜이 나거 쉬에시아오 니엔수

---

저는 대학원에 다녀요.

## 我在研究所念书。

Wǒ zài yánjiūsuǒ niànshū

워 짜이 이엔지어우쑤어 니엔수

---

무얼 전공하십니까?

## 你是哪个专业的?

Nǐ shì nǎge zhuānyè de

니 스 나거 주안이에 더

---

교육학을 전공하고 있습니다.

## 我专攻教育学呢。

Wǒ zhuāngōng jiàoyùxué ne

워 주안꽁 지아오위쉬에 너

---

어떤 학위를 가지고 계십니까?

## 请问你有什么学位?

Qǐngwèn nǐ yǒu shénme xuéwèi

칭원 니 여우 션머 쉬에웨이

---

몇 년도에 졸업하셨어요?

## 你哪年毕业的?

Nǐ nǎnián bìyè de

니 나니엔 삐이에 더

---

Conversation

A: 你在哪个大学念书?

B: 我在北京大学念书。

어느 대학교에 다니세요?

북경대학교에 다닙니다.

>> 녹음을 듣고 소리내어 읽어볼까요?    << 듣기 >>

---

당신은 학교에 다니죠?

# 你是上学的吗?

Nǐ shì shàngxué de ma

니 스 샹쉬에 더 마

---

당신은 학생이죠?

# 你是学生吧?

Nǐ shì xuéshēng ba

니 스 쉬에성 바

---

당신은 대학생이세요?

# 你是大学生吗?

Nǐ shì dàxuéshēng ma

니 스 따쉬에성 마

---

저는 대학생입니다.

# 我是大学生。

Wǒ shì dàxuéshēng

워 스 따쉬에성

---

몇 학년이세요?

# 几年级了?

Jǐ niánjí le

지 니엔지 러

---

아들은 초등학생입니다.

# 我儿子是小学生。

Wǒ érzi shì xiǎoxuéshēng

워 얼즈 스 시아오쉬에성

---

Conversation

A: 你几年级?

B: 我是大学三年级的。

몇 학년이세요?

대학교 3학년입니다.

이 대학의 1년 학비는 얼마입니까?

## 这所大学一年的学费是多少?

Zhè suǒ dàxué yìnián de xuéfèi shì duōshǎo

쩌 쑤어 따쉬에 이니엔 더 쉬에페이 스 뚜어샤오

---

아르바이트를 하고 있나요?

## 你正在打工吗?

Nǐ zhèngzài dǎgōng ma

니 정짜이 다꽁 마

---

저는 아르바이트를 하면서 공부하고 있어요.

## 我是一边打工一边读书的。

Wǒ shì yìbiān dǎgōng yìbiān dúshū de

워 스 이삐엔 다꽁 이삐엔 두쑤 더

---

어떤 동아리 활동을 하고 있니?

## 你加入什么团体活动?

Nǐ jiārù shénme tuántǐ huódòng

니 지아루 션머 투안티 후어똥

---

장학금 신청했니?

## 申请奖学金了吗?

Shēnqǐng jiǎngxuéjīn le ma

션칭 지앙쉬에찐 러 마

---

너 논문 다 썼니?

## 你的论文写完了吗?

Nǐ de lùnwén xiě wánle ma

니 더 룬원 시에 완러 마

---

Conversation

A: 听说你去留学，是真的吗?

B: 是啊，幸亏拿到了奖学金。

유학 간다는 게 정말이니?

응, 다행히 장학금을 받게 되었어.

# 수강신청과 학점

>> 녹음을 듣고 소리내어 읽어볼까요?    << 듣기 >>

너 수강 신청 다 했어?

## 你选课申请都完成了吗?

Nǐ xuǎnkè shēnqǐng dōu wánchéngle ma

니 쉬엔크어 션칭 떠우 완청러 마

---

수강신청 마감일이 언제입니까?

## 选课申请截止到什么时候?

Xuǎnkè shēnqǐng jiézhǐ dào shénmeshíhou

쉬엔크어 션칭 지에즈 따오 션머스허우

---

언제까지 수강신청을 변경할 수 있습니까?

## 到什么时候可以更换课程?

Dào shénmeshíhou kěyǐ gēnghuàn kèchéng

따오 션머스허우 크어이 끄엉후안 크어청

---

너 학점은 충분하니?

## 你的学分够了吗?

Nǐ de xuéfēn gòule ma

니 더 쉬에펀 꺼우러 마

---

너 학점은 어떻게 나왔어?

## 你的学分是多少?

Nǐ de xuéfēn shì duōshǎo

니 더 쉬에펀 스 뚜어샤오

---

너는 올해 몇 학점 땄니?

## 你今年拿到几个学分?

Nǐ jīnnián nádào jǐgè xuéfēn

니 찐니엔 나따오 지꺼 쉬에펀

---

Conversation

A: 这个学期申请了几学分?

B: 我听18个学分。

이번 학기에 몇 학점 신청했니?

나는 18학점 들어.

>> 녹음을 듣고 소리내어 읽어볼까요?    << 듣기 >>

수업이 곧 시작됩니다.
## 快开始上课了。
Kuài kāishǐ shàngkèle
쿠아이 카이스 샹크어러

질문 있으면 하세요.
## 有什么问题，就说吧。
Yǒu shénme wèntí, jiù shuō ba
여우 선머 원티, 지어우 수어 바

선생님, 질문 있습니다.
## 老师，我有一个问题。
Lǎoshī, wǒ yǒu yíge wèntí
라오스, 워 여우 이거 원티

수업할 때 옆 사람과 말하지 마세요.
## 上课时，不要跟别人说话。
Shàngkè shí, búyaò gēn biérén shuōhuà
샹크어 스, 부야오 끄언 비에런 수어후아

오늘 수업은 여기까지예요.
## 今天讲到这儿。
Jīntiān jiǎng dào zhèr
찐티엔 지앙 따오 쩔

이 수업은 너무 어려워 재미가 없어요.
## 这个课太难，没意思。
Zhège kè tài nán, méiyìsī
쩌거 크어 타이 난, 메이쓰

Conversation

A: 你几点下课?
B: 下午四点下课。

몇 시에 수업이 끝나요?
오후 4시에 수업이 끝나요.

>> 녹음을 듣고 소리내어 읽어볼까요?    《 듣기 》

중국어를 얼마 동안이나 배우셨어요?

## 你学汉语学多久了?

Nǐ xué Hànyǔ xué duōjiǔ le

니 쉬에 한위 쉬에 뚜어지어우 러

---

중국어가 어렵나요?

## 汉语难吗?

Hànyǔ nán ma

한위 난 마

---

중국어는 한국어보다 훨씬 어려워요.

## 汉语比韩国话难得多。

Hànyǔ bǐ Hánguóhuà nándé duō

한위 비 한구어후아 난더 뚜어

---

중국어를 잘 하시네요.

## 你说汉语说得很好。

Nǐ shuō Hànyǔ shuōdé hěnhǎo

니 수어 한위 수어더 흐언하오

---

당신의 중국어 수준은 날이 갈수록 좋아지네요.

## 你的汉语水平，一天比一天好。

Nǐ de Hànyǔ shuǐpíng, yìtiān bǐ yìtiān hǎo

니 더 한위 수에이핑,이티엔 비 이티엔 하오

---

요즘 중국어 공부하는 것이 어때요?

## 最近学习汉语怎么样?

Zuìjìn xuéxí Hànyǔ zěnmeyàng

쭈에이찐 쉬에시 한위 전머양

---

Conversation

A: 你学汉语学多久了?

B: 我学汉语学四年了。

중국어를 얼마 동안이나 배우셨어요?

저는 중국어를 4년 배웠어요.

>> 녹음을 듣고 소리내어 읽어볼까요?

<< 듣기 >>

언제부터 시험이죠?

**什么时候开始考试?**

Shénmeshíhòu kāishǐ kǎoshì

션머스허우 카이스 카오스

곧 기말고사가 있어요.

**快到期末考试了。**

Kuài dào qīmòkǎoshì le

쿠아이 따오 치모어카오스 러

이제 공부를 좀 해야 할 것 같아요.

**我该做一做功课了。**

Wǒ gāi zuòyízuò gōngkè le

워 까이 주어이주어 꽁크어 러

공부 다 했니?

**都复习好了吗?**

Dōu fùxí hǎo le ma

떠우 푸시 하오 러 마

시험 잘 봤니?

**考得好吗?**

Kǎo de hǎo ma

카오 더 하오 마

시험 결과는 어떻게 되었어?

**考试结果怎么样了?**

Kǎoshì jiéguǒ zěnmeyàng le

카오스 지에구어 전머양 러

Conversation

A: **考试结果怎么样?**

B: **得了100分,太高兴了。**

시험 결과는 어때?

100점 받았어. 너무 기뻐.

>> 녹음을 듣고 소리내어 읽어볼까요?  《 듣기 》

공부 잘 해요?

**学习成绩好吗?**

Xuéxíchéngjì hǎo ma

쉬에시청지 하오 마

---

성적이 올랐어요.

**成绩上去了。**

Chéngjì shàngqùle

청지 샹취러

---

영어 성적은 어땠어?

**英语成绩怎么样?**

Yīngyǔ chéngjī zěnmeyàng

잉위 청지 전머양

---

그는 중국어 성적이 특히 좋아요.

**他的汉语成绩特别好。**

Tā de Hànyǔ chéngjì tèbié hǎo

타 더 한위 청지 트어비에 하오

---

그녀는 학교에서 성적이 제일 좋아요.

**她在学校里成绩最好。**

Tā zài xuéxiào lǐ chéngjì zuìhǎo

타 짜이 쉬에시아오 리 청지 쭈에이하오

---

그는 우리반에서 성적이 꼴찌였어요.

**他在我们班成绩最差。**

Tā zài wǒmen bān chéngjì zuìchà

타 짜이 워먼 빤 청지 쭈에이차

---

Conversation

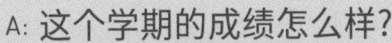

A: 这个学期的成绩怎么样?

B: 比想象的差多了。

이번 학기 성적은 어때?

예상보다 훨씬 못해.

>> 녹음을 듣고 소리내어 읽어볼까요?    << 듣기 >>

이 책 세 권을 빌리고 싶은데요.

**我想借这3本书。**

Wǒ xiǎng jiè zhè sānběnshū

워 시앙 지에 쩌 싼번쑤

---

대출증을 보여 주세요.

**给我看一下借阅证。**

Gěi wǒ kàn yíxià jièyuèzhèng

게이 워 칸 이시아 지에위에쩡

---

대출기간은 며칠입니까?

**借书期限是几天?**

Jièshū qīxiàn shì jǐtiān

지에쑤 치시엔 스 지티엔

---

연장 대출이 가능합니까?

**可以续借吗?**

Kěyǐ xùjiè ma

크어이 쉬지에 마

---

열람실에서는 휴대폰을 사용할 수 없습니다.

**在阅览室不能使用手机。**

Zài yuèlǎnshì bùnéng shǐyòng shǒujī

짜이 위에란스 뿌넝 스용 셔우지

---

복사기를 쓸 수 있습니까?

**我可以使用复印机吗?**

Wǒ kěyǐ shǐyòng fùyìnjī ma

워 크어이 스용 푸인찌 마

---

Conversation

A: 一次能借几本书?

B: 可以借3本，两周内要退还。

한 번에 몇 권까지 빌릴 수 있습니까?

3권 빌릴 수 있습니다. 2주 안에 반납해야 합니다.

# 기숙사

>> 녹음을 듣고 소리내어 읽어볼까요?

<< 듣기 >>

유학생 기숙사가 있습니까?

## 有留学生宿舍吗?

Yǒu liúxuéshēng sùshè ma

여우 리우쉬에성 쑤셔 미

---

기숙사 안에 학생식당이 있습니까?

## 宿舍区内有学生食堂吗?

Sùshè qūnèi yǒu xuésheng shítáng ma

쑤셔 취네이 여우 쉬에성 스탕 마

---

기숙사 생활은 어때요?

## 宿舍生活怎么样?

Sùshè shēnghuó zěnmeyàng

쑤셔 성후어 전머양

---

나는 룸메이트와 사이가 좋아요.

## 我和同屋关系很好。

Wǒ hé tóngwū guānxi hěnhǎo

워 흐어 통우 꾸안시 흐언하오

---

방학기간에도 기숙사에 머물 수 있습니까?

## 放假期间，可以留在宿舍吗?

Fàngjià qījiān, kěyǐ liúzài sùshè ma

팡지아 치지엔, 크어이 리어우짜이 쑤셔 마

---

외부인 출입을 허용합니까?

## 允许外人出入吗?

Yǔnxǔ wàirén chūrù ma

윈쉬 와이런 추루 마

---

Conversation

A: 这所学校有宿舍吗?

B: 有专门为留学生准备的宿舍。

이 학교는 기숙사가 있습니까?

유학생 전용 기숙사가 준비되어 있습니다.

 대화 연습 **PART 14**

● 앞에서 배운 대화 내용의 병음입니다. 녹음을 듣고 또박또박 읽어 보세요.

**Unit 01** 출신학교와 전공

A: Nǐ zài nǎge dàxué niànshū?

B: Wǒ zài Běijīngdàxué niànshū.

**Unit 02** 학교와 학년

A: Nǐ jǐ niánjí?

B: Wǒ shì dàxué sān niánjí de.

**Unit 03** 학교생활

A: Tīngshuō nǐ qù liúxué, shì zhēn de ma?

B: Shì a, xìngkuī nádàole jiǎngxuéjīn.

**Unit 04** 수강신청과 학점

A: Zhège xuéqī shēnqǐngle jǐ xuéfēn?

B: Wǒ tīng shíbā gè xuéfēn.

**Unit 05** 수업

A: Nǐ jǐdiǎn xiàkè?

B: Xiàwǔ sìdiǎn xiàkè.

**Unit 06** 중국어

A: Nǐ xué Hànyǔ xué duōjiǔ le?

B: Wǒ xué Hànyǔ xué sìnián le.

**Unit 07** 시험

A: Kǎoshì jiéguǒ zěnmeyàng?

B: Déle bǎifēn, tài gāoxìng le.

**Unit 08** 성적

A: Zhège xuéqī de chéngjì zěnmeyàng?

B: Bǐ xiǎngxiàng de chà duō le.

**Unit 09** 도서관

A: Yícì néng jiè jǐ běnshū?

B: Kěyǐ jiè sān běn, liǎngzhōu nèi yào tuìhuán.

**Unit 10** 기숙사

A: Zhè suǒ xuéxiào yǒu sùshè ma?

B: Yǒu zhuānmén wèi liúxuéshēng zhǔnbèi de sùshè.

# PART 15

日常表达

✿ 만만하게
✿ 눈으로 읽고
✿ 귀로 듣고
✿ 입으로 소리내어 말한다!

직장생활

지금 출근하십니까?

**你现在上班吗?**

Nǐ xiànzài shàngbān ma

니 시엔짜이 샹빤 마

몇 시까지 출근하세요?

**你到几点上班?**

Nǐ dào jǐdiǎn shàngbān

니 따오 지디엔 샹빤

출근시간은 일정하지 않아요.

**上班的时间不一定。**

Shàngbān de shíjiān bùyídìng

샹빤 더 스지엔 뿌이띵

당신은 보통 어떻게 출퇴근 하세요?

**你一般怎么上下班?**

Nǐ yìbān zěnme shàngxiàbān

니 이빤 전머 샹시아빤

통상 지하철로 출퇴근해요.

**通常坐地铁上下班。**

Tōngcháng zuò dìtiě shàngxiàbān

통창 쭈어 띠티에 샹시아빤

회사까지 가는 통근차가 있어요?

**有没有到公司的班车?**

Yǒuméiyǒu dào gōngsī de bānchē

여우메이여우 따오 꽁쓰 더 빤처

Conversation

A: 你每天几点上班?

B: 我每天早上八点钟上班。

매일 몇 시에 출근하세요?

저는 매일 오전 8시에 출근합니다.

# Unit 02 근무에 대해서

>> 녹음을 듣고 소리내어 읽어볼까요?

<< 듣기 >>

하루에 몇 시간씩 일하세요?

## 一天工作几个小时?

Yìtiān gōngzuò jǐgè xiǎoshí

이티엔 꽁쭈어 지거 시아오스

1주일에 며칠 일하세요?

## 你一周工作几天?

Nǐ yìzhōu gōngzuò jǐtiān

니 이저우 꽁쭈어 지티엔

점심휴식 시간은 얼마나 됩니까?

## 你们午休时间多长?

Nǐmen wǔxiū shíjiān duō cháng

니먼 우시어우 스지엔 뚜어 창

당신네 회사는 자주 잔업을 합니까?

## 你们公司经常加班吗?

Nǐmen gōngsī jīngcháng jiābān ma

니먼 꽁쓰 찡창 지아빤 마

잔업은 늘 합니까?

## 经常加班吗?

Jīngcháng jiābān ma

찡창 지아빤 마

어제는 2시간 잔업을 했어요.

## 昨天加了两个小时班。

Zuótiān jiāle liǎnggè xiǎoshí bān

쭈어티엔 지아러 리앙거 시아오스 빤

Conversation

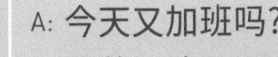

A: 今天又加班吗?

B: 是的，这几天几乎每天都加班。

오늘 또 잔업해요?

그렇습니다, 요즘은 거의 매일 초과근무를 해요.

# 상사와 부하에 대해서

  듣기

상사가 누구세요?

## 你的上级是谁?

Nǐ de shàngjí shì shuí

니 더 샹지 스 수에이

그 사람 어때요?

## 那个人怎么样?

Nàgè rén zěnmeyàng

나거 런 전머양

그는 잔소리가 심해요.

## 他可愿意罗嗦了。

Tā kě yuànyì luósuō le

타 크어 위엔이 루어쑤어 러

당신 상사와의 관계는 어떠세요?

## 你跟领导的关系怎么样?

Nǐ gēn lǐngdǎo de guānxì zěnmeyàng

니 끄언 링다오 더 꾸안시 전머양

나는 그 사람하고 마음이(손발이) 안 맞아요.

## 我跟他合不来。

Wǒ gēn tā hébùlái

워 끄언 타 흐어뿌라이

그 사람은 시간을 아주 잘 지켜요.

## 他非常守时。

Tā fēicháng shǒu shí

타 페이창 셔우 스

**Conversation**

A: 你跟上级的关系怎么样?

B: 我讨厌我上司。

당신 상사와의 사이가 어떠세요?
저는 제 상사가 싫습니다.

# 회사를 소개할 때

귀사에 대해 좀 자세히 알고 싶습니다.

## 我想了解一下贵公司。
Wǒ xiǎng liǎojiě yíxià guì gōngsī
워 시앙 리아오지에 이시아 꾸에이 꽁쓰

---

귀사의 공식 명칭은 무엇입니까?

## 请问贵公司的全称?
Qǐngwèn guì gōngsī de quánchēng
칭원 꾸에이 꽁쓰 더 취엔청

---

우리 회사는 본사가 서울에 있어요.

## 我们公司的总部在首尔。
Wǒmen gōngsī de zǒngbù zài Shǒu'ěr
워먼 꽁쓰 더 종뿌 짜이 셔우얼

---

여기가 우리 회사의 본부입니다.

## 这儿是我们的总公司。
Zhèr shì wǒmen de zǒnggōngsī
쩔 스 워먼 더 종꽁쓰

---

여기가 우리 회사의 공장입니다.

## 这里是我们公司的工厂。
Zhèlǐ shì wǒmen gōngsī de gōngchǎng
쩌리 스 워먼 꽁쓰 더 꽁창

---

제가 공장을 안내해 드리겠습니다.

## 让我带您看看我们的工厂。
Ràng wǒ dài nín kànkan wǒmen de gōngchǎng
랑 워 따이 닌 칸칸 워먼 더 꽁창

---

**Conversation**

A: 这公司里有多少员工?
B: 我们公司里有三百多员工。

이 회사에는 직원이 몇 명입니까?
우리 회사의 직원은 300여명입니다.

# Unit 05 업무

나 대신 이 일 좀 해 줘요.

**替我做一下这件事。**

Tì wǒ zuò yíxià zhè jiàn shì

티 워 쭈어 이시아 쩌 지엔 스

---

안 바쁘면, 나 좀 도와줄 수 있어요?

**不忙的话，能帮我个忙吗?**

Bùmáng de huà, néng bāng wǒ gè máng ma

뿌망 더 후아, 넝 빵 워 거 망 마

---

어제 부탁한 보고서는 다 됐어요?

**昨天让你写的报告弄好了吗?**

Zuótiān ràng nǐ xiě de bàogào nòng hǎo le ma

주어티엔 랑 니 시에 더 빠오까오 농 하오 러 마

---

언제쯤 끝낼 수 있어요?

**什么时候能完成?**

Shénmeshíhòu néng wánchéng

션머스허우 넝 완청

---

결과가 어떻습니까? 마음에 드십니까?

**结果怎么样? 满意吗?**

Jiéguǒ zěnmeyàng? mǎnyì ma

지에구어 전머양? 만이 마

---

여기에 서명해 주십시오.

**请在这儿签名。**

Qǐng zài zhèr qiānmíng

칭 짜이 쩔 치엔밍

---

**Conversation**

A: 那项工程进展得怎么样?

B: 快要完工了。

어느 정도까지 일이 진척되었죠?

거의 완공되어 가고 있습니다.

# Unit 06  사무실

여기서 팩스를 보낼 수 있나요?

## 在这儿能不能发传真?
Zài zhèr néngbùnéng fā chuánzhēn
짜이 쩔 넝뿌넝 파 추안쩐

---

팩스를 보냈나요?

## 你发传真了没有?
Nǐ fā chuánzhēn le méiyǒu
니 파 추안쩐 러 메이여우

---

그 복사기는 고장났어요.

## 那个复印机出毛病了。
Nàge fùyìnjī chūmáobìngle
나거 푸인찌 추마오빙러

---

그 문서 이름이 뭐죠?

## 那个文件名称是什么?
Nàge wénjiàn míngchēng shì shénme
나거 원지엔 밍청 스 션머

---

내 컴퓨터가 바이러스에 걸렸어요.

## 我的电脑染上了病毒。
Wǒ de diànnǎo rǎnshàngle bìngdú
워 더 띠엔나오 란샹러 삥두

---

제가 사장님께 이메일을 보냈어요.

## 我给总经理发伊妹儿。
Wǒ gěi zǒngjīnglǐ fā yīmèir
워 게이 종찡리 파 이메이얼

---

**Conversation**

A: 你能帮我复印一下吗?

B: 好吧。

복사 좀 해 줄 수 있어요?

그러지요.

# 입사와 승진·이동

우리 회사에 입사한 것을 환영합니다.

## 欢迎您进我们公司。

Huānyíng nín jìn wǒmen gōngsī

후안잉 닌 찐 워먼 꽁쓰

---

여기서 일하게 되어 정말 기쁩니다.

## 我到这儿来工作，真高兴。

Wǒ dào zhèr lái gōngzuò, zhēn gāoxìng

워 따오 쩔 라이 꽁쭈어, 쩐 까오싱

---

여러분의 많은 지도 부탁드립니다.

## 请你们多多指教。

Qǐng nǐmen duōduō zhǐjiào

칭 니먼 뚜어뚜어 즈지아오

---

우리 부서에 오신 것을 환영합니다.

## 欢迎你来我们部门。

Huānyíng nǐ lái wǒmen bùmén

후안잉 니 라이 워먼 뿌먼

---

제 중국어 수준이 별로 좋지 않으니, 이해해 주십시오.

## 我的汉语水平不怎么好，请你谅解。

Wǒ de Hànyǔ shuǐpíng bù zěnme hǎo, qǐng nǐ liàngjiě

워 더 한위 수에이핑 뿌 전머 하오, 칭 니 리앙지에

---

승진을 축하합니다.

## 祝贺你升职。

Zhùhè nǐ shēngzhí

쭈흐어 니 셩즈

---

**Conversation**

A: 欢迎您进我们公司。

B: 这么欢迎我，我表示感谢!

우리 회사에 입사한 것을 환영합니다.

이렇게 환영해 주서서 감사합니다.

>> 녹음을 듣고 소리내어 읽어볼까요?                    << 듣기 >>

수입은 어때요?

## 收入怎么样?
Shōurù zěnmeyàng
셔우루 전머양

---

연봉이 얼마나 됩니까?

## 年薪多少?
Niánxīn duōshǎo
니엔신 뚜어샤오

---

실질임금은 그리 많지 않아요.

## 实际工资不太多。
Shíjìgōngzī bú tàiduō
스찌꽁쯔 부 타이뚜어

---

오늘은 월급날입니다.

## 今天发工资。
Jīntiān fā gōngzī
찐티엔 파 꽁쯔

---

내 월급은 많아요.

## 我的薪水很高。
Wǒ de xīnshuǐ hěn gāo
워 더 신수에이 흐언 까오

---

내 월급은 너무 적어요.

## 我的薪水太低了。
Wǒ de xīnshuǐ tài dī le
워 더 신수에이 타이 띠 러

---

Conversation

A: 你一个月薪水是多少?
B: 我的薪水是一个月八百五十块钱。

당신의 한 달 월급은 얼마입니까?
내 월급은 한 달에 850원 입니다.

# Unit 09 휴가와 휴식

>> 녹음을 듣고 소리내어 읽어볼까요?

<< 듣기 >>

곧 휴가철이 되겠구나.

## 快到休假期了。

Kuài dào xiūjiàqī le

쿠아이 따오 시어우지아치 러

이번 휴가는 며칠 쉬세요?

## 这次休几天假?

Zhècì xiū jǐtiān jià

쩌츠 시어우 지티엔 지아

이번 휴가를 어떻게 보내실 겁니까?

## 这次休假你打算怎么过?

Zhècì xiūjià nǐ dǎsuàn zěnme guò

쩌츠 시어우지아 니 다쑤안 전머 꾸어

이번 휴가 때는 어디로 갈 생각이세요?

## 这次休假的时候你打算去哪儿?

Zhècì xiūjià de shíhòu nǐ dǎsuàn qù nǎr

쩌츠 시어우지아 더 스허우 니 다쑤안 취 날

연말연시 휴가는요(설 휴가)?

## 春节有假期吧?

Chūnjié yǒu jiǎqī ba

춘지에 여우 지아치 바

매주 이틀 간 쉽니다.

## 每星期休息两天。

Měi xīngqī xiūxī liǎngtiān

메이 싱치 시어우시 리앙티엔

Conversation

A: 有暑假吗?

B: 夏天有一个星期的假期。

여름 휴가가 있습니까?

여름에는 1주일 휴가가 있습니다.

# 사직과 퇴직

언제 퇴직하십니까?

## 什么时候退休?

Shénmeshíhòu tuìxiū

션머스허우 투에이시어우

---

당신 회사는 정년이 몇 살입니까?

## 你们公司规定多大岁数退休?

Nǐmen gōngsī guīdìng duōdà suìshù tuìxiū

니먼 꽁쓰 꾸에이띵 뚜어따 쑤에이수 투에이시어우

---

저는 지금 놀고 있습니다.

## 我现在在家歇着呢。

Wǒ xiànzài zài jiā xiēzhe ne

워 시엔짜이 짜이 지아 시에저 너

---

그가 사직서를 제출했어요.

## 他提交了辞职信。

Tā tíjiāole cízhíxìn

타 티지아오러 츠즈신

---

이 일에는 안 맞는 것 같아요.

## 我不适合做这种工作。

Wǒ bú shìhé zuò zhèzhǒng gōngzuò

워 부 스흐어 쭈어 쩌종 꽁쭈어

---

퇴직 후에는 무엇을 하실 겁니까?

## 退休后想做点儿什么?

Tuìxiū hòu xiǎng zuò diǎnr shénme

투에이시어우 허우 시앙 쭈어 디알 션머

---

Conversation

A: 辞职的理由是什么?

B: 我早就不想干了。

사직한 이유가 뭡니까?

벌써부터 그만두려고 했습니다.

● 앞에서 배운 대화 내용의 병음입니다. 녹음을 듣고 또박또박 읽어 보세요.

**Unit 01** 출퇴근

A: Nǐ měitiān jǐdiǎn shàngbān?
B: Wǒ měitiān zǎoshang bādiǎn zhōng shàngbān.

**Unit 02** 근무에 대해서

A: Jīntiān yòu jiābān ma?
B: Shì de, zhè jǐtiān jǐhū měitiān dōu jiābān.

**Unit 03** 상사와 부하에 대해서

A: Nǐ gēn shàngjí de guānxì zěnmeyàng?
B: Wǒ tǎoyàn wǒ shàngsi.

**Unit 04** 회사를 소개할 때

A: Zhè gōngsī lǐ yǒu duōshǎo yuángōng?
B: Wǒmen gōngsī lǐ yǒu sānbǎiduō yuángōng.

**Unit 05** 업무

A: Nà xiàng gōngchéngjìnzhǎn de zěnmeyàng?
B: Kuàiyào wángōngle.

**Unit 06** 사무실

A: Nǐ néng bāng wǒ fùyìn yíxià ma?
B: Hǎo ba.

**Unit 07** 입사와 승진·이동

A: Huānyíng nín jìn wǒmen gōngsī.
B: Zhème huānyíng wǒ, wǒ biǎoshì gǎnxiè!

**Unit 08** 급여

A: Nǐ yíge yuè xīnshuǐ shì duōshǎo?
B: Wǒ de xīnshuǐ shì yíge yuè bābǎiwǔshíkuài qián.

**Unit 09** 휴가와 휴식

A: Yǒu shǔjià ma?
B: Xiàtiān yǒu yígè xīngqī de jiàqī.

**Unit 10** 사직과 퇴직

A: Cízhí de lǐyóu shì shénme?
B: Wǒ zǎojiù bùxiǎng gān le.

# PART 16

日常表达

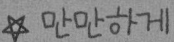

✿ 만만하게
✿ 눈으로 읽고
✿ 귀로 듣고
✿ 입으로 소리내어 말한다!

# 초대와 방문

## Unit 01 전화를 걸 때

여보세요.

**喂。**

Wèi

웨이

---

전화번호는 몇 번이죠?

**你的电话号码是多少?**

Nǐ de diànhuà hàomǎ shì duōshao

니 더 디엔후아 하오마 스 뚜어샤오

---

여보세요, 536 3355죠?

**喂，5363355吗?**

Wéi, wǔ sān liù sān sān wǔ wǔ ma

웨이, 우 싼 리어우 싼 싼 우 우 마

---

여보세요, 이선생님 댁인가요?

**喂，李老师家吗?**

Wéi, Lǐ lǎoshī jiā ma

웨이, 리 라오스 지아 마

---

이선생님 좀 바꿔주세요.

**请李老师接电话。**

Qǐng Lǐ lǎoshī jiē diànhuà

칭 리 라오스 지에 디엔후아

---

김부장님 계십니까?

**请问，金部长在不在?**

Qǐngwèn, Jīn bùzhǎng zàibúzài

칭원, 찐 뿌쟝 짜이부짜이

---

**Conversation**

A: 喂, 请张先生接电话。

B: 我就是, 是李先生吗?

여보세요, 장선생님 부탁합니다.

전데요, 이선생님이신가요?

# 전화를 받을 때

>> 녹음을 듣고 소리내어 읽어볼까요?

《 듣기 》

---

전화 좀 받아줄래요?

## 帮我接接电话，好吗?

Bāng wǒ jiējie diànhuà, hǎo ma

빵 워 지에지에 디엔후아, 하오 마

---

누굴 찾으세요?

## 你找谁?

Nǐ zhǎo shuí

니 자오 수에이

---

전데요, 누구시죠?

## 我就是，哪一位啊?

Wǒ jiùshì, nǎ yíwèi a

워 지어우스, 나 이웨이 아

---

어느 분을 바꿔드릴까요?

## 请问，换哪一位?

Qǐngwèn, huàn nǎ yíwèi

칭원, 후안 나 이웨이

---

지금 자리에 안 계신데요.

## 现在不在。

Xiànzài bú zài

시엔짜이 부 짜이

---

뭐라고 전해드릴까요?

## 我转告他什么?

Wǒ zhuǎngào tā shénme

워 주안까오 타 션머

---

Conversation

A: 对不起, 他现在不能接电话。

B: 那转告他给我回电话, 好吗?

죄송한데 지금 전화를 받기 곤란하십니다.

그러면 제게 전화 해달라고 전해주시겠어요?

>> 녹음을 듣고 소리내어 읽어볼까요?

《 듣기 》》

시간이 있으세요?

**您看有时间吗?**

Nín kàn yǒu shíjiān ma

닌 칸 여우 스지엔 마

이쪽으로 좀 와주시겠어요?

**您能不能到我这里来?**

Nín néngbunéng dào wǒ zhèli lái

닌 넝부넝 따오 워 쩌리 라이

이번 주말에 시간 있으세요?

**这个周末你有空吗?**

Zhège zhōumò nǐ yǒukòng ma

쩌거 쩌우모어 니 여우콩 마

내일 약속 있으세요?

**明天有没有约会?**

Míngtiān yǒuméiyǒu yuēhuì

밍티엔 여우메이여우 위에후에이

몇 시가 편하세요?

**几点钟方便?**

Jǐdiǎn zhōng fāngbiàn

지디엔 쫑 팡삐엔

우리 어디에서 만날까요?

**我们在哪儿见面?**

Wǒmen zài nǎr jiànmiàn

워먼 짜이 날 지엔미엔

Conversation

A: **今天下午怎么安排?**

B: **下午我要开会。**

오늘 오후 스케줄 있어요?
오후에 회의가 있어요.

# 약속 제의에 응답할 때

무슨 일로 절 만나자는 거죠?

## 你为什么要见我?

Nǐ wèishénme yào jiàn wǒ

니 웨이션머 야오 지엔 워

좋아요, 시간 괜찮아요.

## 好，我有时间。

Hǎo, wǒ yǒu shíjiān

하오, 워 여우 스지엔

미안해요, 제가 오늘 좀 바빠서요.

## 对不起，今天我有点儿忙。

Duìbuqǐ, jīntiān wǒ yǒudiǎnr máng

뚜에이부치, 찐티엔 워 여우디알 망

선약이 있어서요.

## 我已经有约了。

Wǒ yǐjīng yǒu yuēle

워 이찡 여우 위에러

다음으로 미루는 게 좋겠어요.

## 我有别的事，改天吧。

Wǒ yǒu biéde shì, gǎitiān ba

워 여우 비에더 스, 가이티엔 바

오늘 누가 오기로 돼 있어요.

## 今天我约了人。

Jīntiān wǒ yuēle rén

찐티엔 워 위에러 런

**Conversation**

A: 今天下午怎么安排?

B: 对不起, 晚上扌扌我有约。

오늘 오후 스케줄 있니?

미안해. 저녁에 다른 약속 있거든.

# 약속하고 만날 때

금방 갈 테니까 잠깐만 기다려요.

## 请等我一下，我马上就来。
Qǐng děng wǒ yíxià, wǒ mǎshang jiù lái
칭 덩 워 이시아, 워 마샹 지어우 라이

올 때까지 기다릴게요.

## 不见不散。
Bújiànbúsàn
부지엔부싼

오래 기다리시게 했네요.

## 让你久等了。
Ràng nǐ jiǔ děng le
랑 니 지어우 덩 러

제가 늦게 왔네요.

## 我来晚了。
Wǒ lái wǎn le
워 라이 완 러

왜 이제야 오세요?

## 你怎么才来呢?
Nǐ zěnme cái lái ne
니 전머 차이 라이 너

저는 또 다른 일이 있어서 먼저 가 볼게요.

## 我还有别的事，先走了。
Wǒ háiyǒu biéde shì, xiān zǒule
워 하이여우 비에더 스, 시엔 저우러

Conversation

A: 很抱歉, 让你久等了。

B: 你看, 已经过8点了。你怎么才来呢?

미안합니다, 오래 기다리셨죠.
이봐요, 벌써 8시예요. 왜 이제 왔어요?

# 초대할 때

함께 저녁식사를 합시다.

## 一起吃晚饭吧。
Yìqǐ chī wǎnfàn ba
이치 츠 완판 바

---

내일 저희 집에 놀러 오십시오.

## 明天到我家玩儿吧。
Míngtiān dào wǒjiā wánr ba
밍티엔 따오 워지아 왈 바

---

점심을 대접하고 싶습니다.

## 我想请你吃午饭。
Wǒ xiǎng qǐng nǐ chī wǔfàn
워 시앙 칭 니 츠 우판

---

술을 대접하고 싶습니다.

## 我想请你喝酒。
Wǒ xiǎng qǐng nǐ hējiǔ
워 시앙 칭 니 흐어지어우

---

좋습니다. 가겠습니다.

## 好, 我愿意去。
Hǎo, wǒ yuànyì qù
하오, 워 이엔이 취

---

죄송합니다만, 다른 약속이 있습니다.

## 抱歉, 我有别的约会。
Bàoqiàn, wǒ yǒu biéde yuēhuì
빠오치엔, 워 여우 비에더 위에후에이

---

Conversation

A: 明天有聚会, 请你来玩儿。

B: 谢谢你的邀请。

내일 모임이 있는데 당신도 오세요.
초대해주셔서 고마워요.

>> 녹음을 듣고 소리내어 읽어볼까요?  《 듣기 》

집에 아무도 안 계세요?

**家里有人吗?**

Jiālǐ yǒu rén ma

지아리 여우 런 마

---

초대해주셔서 감사합니다.

**谢谢你的招待。**

Xièxie nǐ de zhāodài

시세시에 니 더 짜오따이

---

제가 너무 일찍 왔나 봐요.

**我来得太早了吧。**

Wǒ lái de tài zǎo le ba

워 라이 더 타이 자오 러 바

---

죄송합니다. 조금 늦었습니다.

**对不起，我来晚了。**

Duìbuqǐ, wǒ lái wǎn le

뚜에이부치, 워 라이 완 러

---

조그만 선물을 가져왔습니다, 받아 주십시오.

**我带来了小礼物，请收下。**

Wǒ dàiláile xiǎo lǐwù, qǐng shōuxià

워 따이라이러 시아오 리우, 칭 셔우시아

---

이건 제 작은 성의니, 받아주십시오.

**这是我小小的心意，请你收下吧。**

Zhè shì wǒ xiǎoxiao de xīnyì, qǐng nǐ shōuxià ba

쩌 스 워 시아오시아오 더 신이, 칭 니 셔우시아 바

---

Conversation

A: 我带来了小礼物，请收下。

B: 你太客气了，谢谢。

작은 선물을 가져왔는데 받으세요.

뭘 이런 걸 다, 고맙습니다.

# 방문객을 맞이할 때

>> 녹음을 듣고 소리내어 읽어볼까요?

<< 듣기 >>

어서 오세요.

## 欢迎，欢迎。
Huānyíng, haūnyíng
후안잉, 후안잉

와 주셔서 감사합니다.

## 欢迎光临。
Huānyíng guānglín
후안잉 꾸앙린

들어오세요.

## 快请进。
Kuài qǐngjìn
쿠아이 칭찐

이쪽으로 오시죠.

## 请这边来。
Qǐng zhèbiān lái
칭 쩌비엔 라이

편히 하세요.

## 随便一点。
Suíbiàn yìdiǎn
쑤에이비엔 이디엔

오시느라 고생하셨어요.

## 路上辛苦了。
Lùshàng xīnkǔ le
루샹 신쿠 러

---

Conversation

A: 快请进, 欢迎你!

B: 谢谢!

어서 들어오세요. 환영합니다!

감사합니다.

# 방문객을 대접할 때

>> 녹음을 들고 소리내어 읽어볼까요?

《 듣기 》

차 좀 드세요.

## 请喝茶。

Qǐng hēchá

칭 흐어차

---

뭘 좀 드실래요?

## 您要喝点儿什么?

Nín yào hē diǎnr shénme

닌 야오 흐어 디알 션머

---

녹차 한 잔 하시겠어요?

## 要不要来一杯绿茶?

Yàobuyào lái yìbēi lǜchá

야오부야오 라이 이뻬이 뤼차

---

마음껏 드세요.

## 多吃一点儿啊。

Duō chī yìdiǎnr a

뚜어 츠 이디알 아

---

사양하지 마시고, 집처럼 편하게 계세요.

## 你别客气，像在家一样。

Nǐ bié kèqi, xiàng zài jiā yíyàng

니 비에 크어치, 시앙 짜이 찌아 이양

---

자, 사양하지 마세요.

## 来，请不要客气。

Lái, qǐng búyào kèqi

라이, 칭 부야오 크어치

---

Conversation

A: 你们谈，我做饭去。

B: 真不好意思，给您添麻烦了。

말씀 나누세요, 저는 식사 준비할게요.

정말 죄송하네요, 번거롭게 해드려서요.

 **Unit 10 방문을 마칠 때**

---

집에 가야겠어요.

## 我该回家了。
Wǒ gāi huíjiāle

워 까이 후에이지아러

---

대접 잘 받았습니다.

## 谢谢你的盛情款待。
Xièxǐ nǐ de shèngqíng kuǎndài

시에시에 니 더 성칭 쿠안따이

---

너무 늦었어요. 이만 가볼게요.

## 时间不早了，我得回家了。
Shíjiān bù zǎo le, wǒ děi huíjiāle

스지엔 뿌 자오 러, 워 데이 후에이지아러

---

지금 가신다고요?

## 你这就要走?
Nǐ zhè jiùyào zǒu

니 쩌 지어우야오 저우

---

좀 더 계시다 가세요.

## 急什么呀，再坐一会儿吧。
Jí shénme ya, zài zuò yíhuìr ba

지 션머 야, 짜이 쭈어 이후알 바

---

살펴 가세요. 시간이 있으면 또 놀러 오세요.

## 你慢走，有时间再来玩儿啊。
Nǐ màn zǒu, yǒu shíjiān zài lái wánr a

니 만 저우, 여우 스지엔 짜이 라이 왈 아

---

**Conversation**

A: 时间不早了，我该回去了。

B: 如果你有空儿，欢迎再来。再见。

시간이 늦었는데 이만 가보겠습니다.

시간 있으면 다시 오세요. 안녕히 가세요.

● 앞에서 배운 대화 내용의 병음입니다. 녹음을 듣고 또박또박 읽어 보세요.

### Unit 01 전화를 걸 때

A: Wéi, qǐng Zhāng xiānsheng jiē diànhuà.

B: Wǒ jiùshì, shì Lǐxiānsheng ma?

### Unit 02 전화를 받을 때

A: Duìbuqǐ, tā xiànzài bùnéng jiē diànhuà.

B: Nà zhuǎngào tā gěi wǒ huí diànhuà, hǎo ma?

### Unit 03 약속을 청할 때

A: Jīntiānxiàwǔ zěnme ānpái?

B: Xiàwǔ wǒ yào kāihuì.

### Unit 04 약속 제의에 응답할 때

A: Jīntiānxiàwǔ zěnme ānpái?

B: Duìbuqǐ, wǎnshang wǒ yǒu yuē.

### Unit 05 약속하고 만날 때

A: Hěn bàoqiàn, ràng nǐ jiǔ děng le.

B: Nǐ kàn, yǐjīng guò bā diǎnle. Nǐ zěnme cái lái ne.

### Unit 06 초대할 때

A: Míngtiān yǒu jùhuì, qǐng nǐ lái wánr.

B: Xièxie nǐ de yāoqǐng.

### Unit 07 방문할 때

A: Wǒ dàiláile xiǎo, lǐwù qǐng shōuxià.

B: Nǐ tài kèqi le, xièxie.

### Unit 08 방문객을 맞이할 때

A: Kuài qǐngjìn, huānyíng nǐ!

B: Xièxie!

### Unit 09 방문객을 대접할 때

A: Nǐmen tán, wǒ zuòfàn qù.

B: Zhēn bùhǎoyìsi, gěi nín tiānmáfanle.

### Unit 10 방문을 마칠 때

A: Shíjiān bù zǎo le, wǒ gāi huíqùle.

B: Rúgǒu nǐ yǒu kòngr, huānyíng zài lái. zàijiàn.

PART **17**

日常表达

✫ 만만하게
✫ 눈으로 읽고
✫ 귀로 듣고
✫ 입으로 소리내어 말한다!

공공장소

>> 녹음을 듣고 소리내어 읽어볼까요?

<< 듣기 >>

저기요, 근처에 은행 있어요?

# 请问，附近有银行吗？

Qǐngwèn, fùjìn yǒu yínháng ma

칭원, 푸찐 여우 인항 마

이 근처에 현금자동인출기 있어요?

# 这附近有没有自动取款机？

Zhè fùjìn yǒuméiyǒu zìdòng tíkuǎnjī

쩌 푸찐 여우메이여우 쯔동 티쿠안찌

여기서 환전할 수 있나요?

# 这里可以换钱吗？

Zhèli kěyǐ huànqián ma

쩌리 크어이 후안치엔 마

한국돈을 중국돈으로 바꾸고 싶은데요.

# 我想把韩币换成人民币。

Wǒ xiǎng bǎ hánbì huàn chéng rénmínbì

워 시앙 바 한삐 후안 청 런민삐

계좌를 만들고 싶은데요.

# 我要开户头。

Wǒ yào kāi hùtóu

워 야오 카이 후터우

잔돈으로 바꾸고 싶은데요.

# 我要换零钱。

Wǒ yào huàn língqián

워 야오 후안 링치엔

Conversation

A: 我想把美元换成人民币。

B: 您要换多少？

달러를 위안화로 환전하고 싶습니다.

얼마나 바꾸시려고요?

# Unit 02 우체국에서

>> 녹음을 듣고 소리내어 읽어볼까요?    << 듣기 >>

---

우체통은 어디에 있죠?

## 请问，信箱在哪儿?

Qǐngwèn, xìnxiāng zài nǎr

칭원, 신시앙 짜이 날

---

우표는 어디서 사죠?

## 邮票在哪儿买?

Yóupiào zài nǎr mǎi

여우피아오 짜이 날 마이

---

이 편지를 부치고 싶은데요.

## 我要寄这封信。

Wǒ yào jì zhè fēngxìn

워 야오 찌 쩌 펑신

---

어떤 편지를 부치시게요?

## 你要寄什么信?

Nǐ yào jì shénme xìn

니 야오 찌 션머 신

---

소포를 부치고 싶은데요.

## 我要寄包裹。

Wǒ yào jì bāoguǒ

워 야오 찌 빠오구어

---

소포를 찾으러 왔는데요.

## 我要取包裹。

Wǒ yào qǔ bāoguǒ

워 야오 취 빠오구어

---

**Conversation**

A: 你要寄什么信?

B: 我要寄航空信, 几天能到韩国?

어떤 편지를 부치시겠습니까?

항공우편으로 부탁합니다. 한국까지 며칠 걸립니까?

# 이발소에서

>> 녹음을 듣고 소리내어 읽어볼까요?

 듣기 >>

이발 좀 해 주세요.

## 我要理发。

Wǒ yào lǐfà

워 야오 리파

---

어떤 모양으로 깎을까요?

## 理什么发型?

Lǐ shénme fàxíng

리 션머 파싱

---

본래 스타일로 깎아 주세요.

## 请照原来的样子理。

Qǐng zhào yuánlái de yàngzi lǐ

칭 짜오 위엔라이 더 양즈 리

---

이런 모양으로 깎아 주세요.

## 给我理成这个样子。

Gěi wǒ lǐ chéng zhège yàngzi

게이 워 리 청 쩌거 양즈

---

너무 많이 자르지 마세요.

## 别剪得太多。

Bié jiǎn de tàiduō

비에 지엔 더 타이뚜어

---

면도를 해 주세요.

## 请刮脸。

Qǐng guā liǎn

칭 꾸아 리엔

---

**Conversation**

A: 头发怎么剪?

B: 修剪一下就行了。

머리를 어떻게 깎아 드릴까요?

다듬어주세요.

# 미용실에서

헤어스타일은 어떻게 할까요?

## 您要什么样的发型?

Nín yào shénmeyàng de fàxíng

닌 야오 션머양 더 파싱

---

머리만 감겨 주세요.

## 我只要洗头。

Wǒ zhǐyào xǐtóu

워 즈야오 시터우

---

파마해 주세요.

## 请给我烫发。

Qǐng gěi wǒ tàngfà

칭 게이 워 탕파

---

세트해 주세요.

## 我要做头发。

Wǒ yào zuò tóufa

워 야오 쭈어 터우파

---

이 헤어스타일이 유행이에요.

## 这种发型很流行。

Zhèzhǒng fàxíng hěn liúxíng

쩌종 파싱 흐언 리어우싱

---

헤어스타일을 바꾸고 싶어요.

## 我想换个发型。

wǒ xiǎng huàn ge fàxíng

워 시앙 후안 거 파싱

---

**Conversation**

A: 欢迎光临, 剪发还是烫发?

B: 我只要洗头。

어서 오세요. 커트하시겠어요, 파마하시겠어요?

샴푸만 해주세요.

>> 녹음을 듣고 소리내어 읽어볼까요?  << 듣기 >>

이 양복을 세탁 좀 해 주세요.
### 请洗一洗这件西装。
Qǐng xǐyīxǐ zhè jiàn xīzhuāng
칭 시이시 쩌 지엔 시쭈앙

드라이클리닝 좀 하고 싶은데요.
### 我想干洗几件衣服。
Wǒ xiǎng gānxǐ jǐjiàn yīfu
워 시앙 깐시 지지엔 이푸

드라이클리닝은 얼마죠?
### 干洗一件要多少钱?
Gānxǐ yíjiàn yào duōshao qián
깐시 이지엔 야오 뚜어샤오 치엔

언제 옷을 찾아가면 될까요?
### 我什么时候可以取衣服?
Wǒ shénmeshíhou kěyǐ qǔ yīfu
워 션머스허우 크어이 취 이푸

이 셔츠에 있는 얼룩을 제거할 수 있을까요?
### 能除掉这件衬衫的污痕吗?
Néng chúdiào zhè jiàn chènshān de wūhén ma
넝 추디아오 쩌 지엔 천샨 더 우흐언 마

이 셔츠 좀 다려 주세요.
### 请把这件衬衫熨一下。
Qǐng bǎ zhè jiàn chènshān yùn yíxià
칭 바 쩌 지엔 천샨 윈 이시아

Conversation

A: 我想把这条裙子剪短。
B: 您要剪多少?

이 스커트를 줄이고 싶은데요.
어느 정도 줄일까요?

>> 녹음을 듣고 소리내어 읽어볼까요?　　　<< 듣기 >>

아파트 좀 보여 주시겠어요?

## 能让我们看看公寓吗?
Néng ràng wǒmen kànkan gōngyù ma
넝 랑 워먼 칸칸 꽁위 마

어떤 지역에 살고 싶으세요?

## 想在哪个区域居住?
Xiǎng zài nǎgè qūyù jūzhù
시앙 짜이 나거 취위 쥐쭈

교통은 어떤가요?

## 交通怎么样?
Jiāotōng zěnmeyàng
지아오통 전머양

이 아파트는 방이 몇 개죠?

## 这套公寓有几个房间?
Zhè tào gōngyù yǒu jǐgè fángjiān
쩌 타오 꽁위 여우 지거 팡지엔

집세는 얼마나 되죠?

## 房费是多少?
Fángfèi shì duōshǎo
팡페이 스 뚜어샤오

언제 입주할 수 있을까요?

## 什么时候可以入住?
Shénmeshíhòu kěyǐ rùzhù
션머스허우 크어이 루쭈

Conversation

A: 你好，需要我帮你做点什么?
B: 我找有两个卧室的公寓。

안녕하세요. 무얼 도와드릴까요?
침실이 두 개인 아파트를 찾고 있습니다.

# 관공서에서

>> 녹음을 듣고 소리내어 읽어볼까요?

<< 듣기 >>

담당 부서를 알려 주시겠습니까?

## 能告诉我负责部门吗?

Néng gàosù wǒ fùzé bùmén ma

넝 까오쑤 워 푸저 뿌먼 마

이 일은 어느 분이 담당하십니까?

## 这业务由哪位负责?

Zhè yèwù yóu nǎwèi fùzé

쩌 이에우 여우 나웨이 푸저

문서로 작성하셔야 합니다.

## 这得形成文书。

Zhè děi xíngchéng wénshū

쩌 데이 싱청 원수

우선 신청부터 하셔야 합니다.

## 你先得申请一下。

Nǐ xiān děi shēnqǐng yíxià

니 시엔 데이 션칭 이시아

번호를 받으시고 자리에 앉아서 기다리세요.

## 先领取号码，到座位等着吧。

Xiān lǐngqǔ hàomǎ, dào zuòwèi děngzhe ba

시엔 링취 하오마, 따오 쭈어웨이 덩저 바

여기에 서명하시고 날짜를 쓰세요.

## 在这儿署名，再写上日期。

Zài zhèr shǔmíng, zài xiě shàng rìqī

짜이 쩔 수밍, 짜이 시에 상 르치

Conversation

A: 您有什么事吗?

B: 我想问一下有关外国人注册的事。

무슨 일이십니까?

외국인 등록에 관한 것을 묻고 싶은데요.

# 경찰서에서

>> 녹음을 듣고 소리내어 읽어볼까요?     << 듣기 >>

경찰에 신고해야 합니다.

### 需要报警。

Xūyào bàojǐng

쉬야오 빠오징

---

경찰서는 어디에 있습니까?

### 警察局在哪儿?

Jǐngchájú zài nǎr

징차쥐 짜이 날

---

경찰에 신고해 주시겠어요?

### 能帮我报警吗?

Néng bāng wǒ bàojǐng ma

넝 빵 워 빠오징 마

---

경찰에 도난신고를 하고 싶은데요.

### 想向警察局提出被盗申请。

Xiǎng xiàng jǐngchájú tíchū bèi dào shēnqǐng

시앙 시앙 징차쥐 티추 뻬이 따오 션칭

---

누구에게 알려야 하죠?

### 要跟谁说?

Yào gēn shéi shuō

야오 끄언 쉐이 수어

---

그 사람의 얼굴은 봤나요?

### 看到他的脸了吗?

Kàndào tā de liǎn le ma

칸따오 타 더 리엔 러 마

---

Conversation

A: 请帮我报警。

B: 你怎么样?

경찰에 신고해주세요.

당신은 어떻습니까?

>> 녹음을 듣고 소리내어 읽어볼까요?     << 듣기 >>

미술전시회에 가시겠습니까?

# 你去不去画展?

Nǐ qùbúqù huàzhǎn

니 취부취 후아잔

박물관에는 어떻게 가면 됩니까?

# 博物馆怎么去?

Bówùguǎn zěnme qù

보우구안 전머 취

그 박물관은 오늘 엽니까?

# 那个博物馆今天开吗?

Nàge bówùguǎn jīntiān kāi ma

나거 보우구안 찐티엔 카이 마

재입관할 수 있습니까?

# 可以再入内吗?

Kěyǐ zài rù nèi ma

크어이 짜이 루 네이 마

관내를 안내할 가이드는 있습니까?

# 有介绍馆内的解说员吗?

Yǒu jièshào guǎnnèi de jiěshuōyuán ma

여우 지에샤오 구안네이 더 지에수어위엔 마

이 작품은 어느 시대의 것입니까?

# 这个作品是哪个时代的?

Zhège zuòpǐn shì nǎge shídài de

쩌거 쭈어핀 스 나거 스따이 더

---

Conversation

A: 经常去博物馆吗?

B: 是的，我有时去博物馆。

박물관에 자주 가세요?

네, 박물관에 가끔 갑니다.

# 관혼상제

>> 녹음을 듣고 소리내어 읽어볼까요?    《《 듣기 》》

또 승진하셨네요. 축하합니다.

## 恭喜您又提升了。
Gōngxǐ nín yòu tíshēngle
꽁시 닌 여우 티셩러

---

당신 일로 저도 기쁩니다.

## 真替你高兴。
Zhēn tì nǐ gāoxìng
쩐 티 니 까오싱

---

성공을 빕니다.

## 祝你成功。
Zhù nǐ chénggōng
쭈 니 청꽁

---

결혼을 축하드립니다.

## 祝你们新婚快乐!
Zhù nǐmen xīnhūn kuàilè
쭈 니먼 신훈 쿠아이러

---

새해 복 많이 받으세요!

## 祝您过个好年。
Zhù nín guògèhǎonián
쭈 닌 꾸어거하오니엔

---

어디서 장례식을 합니까?

## 在哪儿开追悼会?
zài nǎr kāi zhuīdàohuì
짜이 날 카이 주에이따오후에이

---

Conversation

A: 快过春节了。

B: 是啊! 给您拜个早年。

곧 설입니다.
그렇군요. 새해 복 많이 받으십시오.

● 앞에서 배운 대화 내용의 병음입니다. 녹음을 듣고 또박또박 읽어 보세요.

**Unit 01** 은행에서

A: Wǒ xiǎng bǎ měiyuán huàn chéng rénmínbì.

B: Nín yào huàn duōshao?

**Unit 02** 우체국에서

A: Nǐ yào jì shénme xìn?

B: Wǒ yào jì hángkōngxìn, jǐtiān néng dào Hánguó?

**Unit 03** 이발소에서

A: Tóufà zěnme jiǎn?

B: Xiūjiǎn yíxià jiù xíngle.

**Unit 04** 미용실에서

A: Huānyíng guānglí, jiǎnfà háishì tàngfà?

B: Wǒ zhǐyào xǐtóu.

**Unit 05** 세탁소에서

A: Wǒ xiǎng bǎ zhè tiáo qúnzi jiǎn duǎn.

B: Nín yào jiǎn duōshao?

**Unit 06** 부동산에서

A: Nǐhǎo, xūyào wǒ bāng nǐ zuòdiǎnshénme?

B: Wǒ zhǎo yǒu liǎnggè wòshì de gōngyù.

**Unit 07** 관공서에서

A: Nín yǒu shénmeshì ma?

B: wǒ xiǎng wèn yíxià yǒuguān wàiguórén zhùcè de shì.

**Unit 08** 경찰서에서

A: Qǐng bāng wǒ bàojǐng.

B: Nǐ zěnmeyàng?

**Unit 09** 미술관·박물관에서

A: Jīngcháng qù bówùguǎn ma?

B: Shì de, wǒ yǒushí qù bówùguǎn.

**Unit 01** 관혼상제

A: Kuài guòchūnjiéle.

B: Shì a! gěi nín bài gè zǎonián.

**PART 18**

日常表达

✿ 만만하게
✿ 눈으로 읽고
✿ 귀로 듣고
✿ 입으로 소리내어 말한다!

병원

# 병원에서

《《 듣기 》》

---

이 근처에 병원이 있나요?

## 这附近有没有医院?

Zhè fùjìn yǒuméiyǒu yīyuàn

쩌 푸진 여우메이여우 이위엔

---

진찰을 받고 싶은데요.

## 我想看病。

Wǒ xiǎng kànbìng

워 시앙 칸삥

---

접수처가 어디죠?

## 挂号处在哪儿?

Guàhàochù zài nǎr

꾸아하오추 짜이 날

---

안녕하세요, 접수하고 싶은데요.

## 你好，我想挂门诊。

Nǐ hǎo, wǒ xiǎng guà ménzhěn

니 하오, 워 시앙 꾸아 먼전

---

어떤 과에서 진찰받고 싶으세요?

## 你要看哪一科?

Nǐ yào kàn nǎ yìkē

니 야오 칸 나 이크어

---

어디서 약을 받나요?

## 在哪儿取药?

Zài nǎr qǔyào

짜이 날 취야오

---

**Conversation**

A: 你好, 我想挂门诊。

B: 请出示门诊病历手册和就诊卡。

안녕하세요, 접수하고 싶은데요.

진료수첩과 진료카드를 보여주세요.

# 증상을 물을 때

>> 녹음을 듣고 소리내어 읽어볼까요?

《 듣기 》

어디가 아프세요?

## 你哪儿不舒服?

Nǐ nǎr bù shūfu

니 날 뿌 수푸

---

어떻게 안 좋으세요?

## 怎么不舒服?

Zěnme bù shūfu

전머 뿌 수푸

---

열은 나세요?

## 发烧吗?

Fāshāo ma

파샤오 마

---

기침은 하세요?

## 咳嗽吗?

Késou ma

크어써우 마

---

소화는 어떠세요?

## 消化怎么样?

Xiāohuà zěnmeyàng

시아오후아 전머양

---

불편한지 얼마나 됐죠?

## 不舒服有多久了?

Bù shūfu yǒu duōjiǔ le

뿌 수푸 여우 뚜어지어우 러

---

Conversation

A: 怎么了? 你哪儿不舒服?

B: 我从昨天晚上开始头痛, 发烧。

어떠세요? 어디가 불편하시죠?

어제 저녁부터 머리가 아프고 열이 나요.

# 증상을 말할 때

>> 녹음을 듣고 소리내어 읽어볼까요?   << 듣기 >>

---

현기증이 좀 나요.

## 我有点儿头晕。

Wǒ yǒudiǎnr tóuyūn

워 여우디알 터우윈

---

무엇 때문인지 머리가 약간 어지러워요.

## 不知怎么的头有点儿发昏。

Bùzhī zěnme de tóu yǒudiǎnr fāhūn

뿌쯔 전머 더 터우 여우디알 파훈

---

머리가 아프고, 좀 어지러워요.

## 头疼，还有点儿晕。

Tóuténg, háiyǒu diǎnr yūn

터우텅, 하이여우 디알 윈

---

목이 아프고 콧물이 흐르고 머리가 아파요.

## 我喉咙痛，流鼻涕，头疼。

Wǒ hóulóng tòng, liú bítì, tóuténg

워 허우롱 통, 리어우 비티, 터우텅

---

요 며칠 배가 아프고 설사도 했어요.

## 这几天肚子疼，还拉肚子。

Zhè jǐtiān dùziténg, hái lādùzi

쩌 지티엔 뚜즈텅, 하이 라뚜즈

---

눈이 충혈되고 굉장히 가려워요.

## 眼睛发红，特别痒。

Yǎnjing fāhóng, tèbié yǎng

이엔징 파홍, 트어비에 양

---

Conversation

A: 我喉咙痛, 流鼻涕, 头疼。

B: 你这个样子多久了?

목이 아프고 콧물도 흐르고 머리가 아파요.

이런 증상이 얼마나 됐죠?

**Unit 04**

# 검진을 받을 때

>> 녹음을 듣고 소리내어 읽어볼까요?

<< 듣기 >>

---

병원에 가서 검사해 봤어요?

## 去医院检查了吗?

Qù yīyuàn jiǎnchá le ma

취 이위엔 지엔차 러 마

---

금년에 건강검진을 받아본 적이 있어요?

## 今年你做过身体检查吗?

Jīnnián nǐ zuòguò shēntǐ jiǎnchá ma

찐니엔 니 쭈어구어 션티 지엔차 마

---

한번 건강검진을 받아보세요.

## 我建议你检查一下身体。

Wǒ jiànyì nǐ jiǎnchá yíxià shēntǐ

워 지엔이 니 지엔차 이시아 션티

---

어떤 항목을 검사하죠?

## 检查什么项目?

Jiǎnchá shénme xiàngmù

지엔차 션머 시앙무

---

언제 결과가 나오죠?

## 什么时候出结果呢?

Shénmeshíhou chū jiéguǒ ne

션머스허우 추 지에구어 너

---

검사 결과는 어때요?

## 检查结果怎么样?

Jiǎnchá jiéguǒ zěnmeyàng

지엔차 지에구어 전머양

---

**Conversation**

A: 你去医院检查了吗?

B: 去过了。

병원에 가서 검사해봤어요?
갔었습니다.

# 이비인후과에서

《 듣기 》

잘 안 들려요.

## 听不清楚。
Tīng bù qīngchǔ
팅 뿌 칭추

귀에 뭔가 들어갔어요.

## 耳朵进了异物。
Ěrduo jìnle yìwù
얼두어 찐러 이우

코가 막혔어요.

## 鼻塞了。
Bísāile
비싸이러

콧물이 나와요.

## 流鼻涕。
Liú bítì
리우 비티

기침이 나고 목도 아파요.

## 咳嗽，咽喉痛。
Késou, yānhóu tòng
크어써우, 이엔허우 통

목이 부었어요.

## 咽喉红肿。
Yānhóu hóngzhǒng
이엔허우 홍중

Conversation

A: 擤鼻涕就出血。

B: 擤鼻涕要轻点。

코를 풀면 피가 납니다.

코를 살살 푸세요.

>> 녹음을 듣고 소리내어 읽어볼까요?    << 듣기 >>

눈이 아파요.

### 眼睛疼。
Yǎnjing téng
이엔징 텅

---

눈이 가려워요.

### 眼睛痒痒。
Yǎnjing yǎngyang
이엔징 양양

---

눈이 따끔거려요.

### 眼睛辣辣的。
Yǎnjing làla de
이엔징 라라 더

---

흐릿하게 보여요.

### 我看不清楚。
Wǒ kàn bù qīngchǔ
워 칸 뿌 칭추

---

눈이 침침해요.

### 眼睛不好受。
Yǎnjing bùhǎoshòu
이엔징 뿌하오셔우

---

눈이 충혈되었어요.

### 眼睛发红了。
Yǎnjing fāhóngle
이엔징 파훙러

---

Conversation

A: 你的视力是多少?

B: 视力不太好。

시력이 얼마나 됩니까?

시력이 별로 좋지 않습니다.

# 치과에서

>> 녹음을 듣고 소리내어 읽어볼까요?   << 듣기 >>

이가 아파요.

## 我牙疼。
Wǒ yá téng
워 야 텅

---

충치가 있습니다.

## 我有虫牙。
Wǒ yǒu chóngyá
워 여우 총야

---

이를 때워야 합니다.

## 我得补牙。
Wǒ děi bǔ yá
워 데이 부 야

---

이가 약간 흔들거려요.

## 我的牙齿有点松动。
Wǒ de yáchǐ yǒudiǎn sōngdòng
워 더 야츠 여우디엔 쏭동

---

두드리면 이가 아파요.

## 敲敲牙就会疼。
Qiāoqiao yá jiù huì téng
치아오치아오 야 지어우 후에이 텅

---

이가 부러졌어요.

## 牙齿断了。
Yáchǐ duànle
야츠 뚜안러

---

Conversation

A: 牙龈出血了。

B: 有很多牙垢。

잇몸에서 피가 나요.

치석이 많이 끼었습니다.

# Unit 08 입원 또는 퇴원할 때

그이는 입원치료를 받아야 해요.

## 他得住院治疗。

Tā děi zhùyuàn zhìliáo

타 데이 쭈위엔 쯔리아오

---

업무과에 가셔서 입원수속을 해주세요.

## 请到住院处办理住院手续。

Qǐng dào zhùyuàn chù bànlǐ zhùyuàn shǒuxù

칭 따오 쭈위엔 추 빤리 쭈위엔 셔우쉬

---

입원비는 언제 내죠?

## 住院费什么时候交?

Zhùyuànfèi shénmeshíhou jiāo

쭈위엔페이 션머스허우 지아오

---

언제쯤 퇴원할 수 있을까요?

## 什么时候可以出院?

Shénmeshíhou kěyǐ chūyuàn

션머스허우 크어이 추위엔

---

퇴원 후 집에서 한동안 쉬어야 합니다.

## 出院后，得在家里休息一段日子。

Chūyuàn hòu, děi zài jiāli xiūxi yíduàn rìzi

추위엔 허우, 데이 짜이 지아리 시어우시 이두안 르즈

---

그는 이미 퇴원했어요.

## 他已经出院了。

Tā yǐjing chūyuànle

타 이징 추위엔러

---

**Conversation**

A: 你的病情较严重, 得住院治疗。

B: 要住几天?

병세가 심각해서 입원치료를 받아야 합니다.

며칠 입원해야 하나요?

# 병문안할 때

**듣기**

---

아프다는 소식을 듣고 보러 왔어요.

## 听说你病了，我来看看你。

Tīngshuō nǐ bìngle, wǒ lái kànkan nǐ

팅슈어 니 삥러, 워 라이 칸칸 니

---

역시 많이 쉬셔야 좋아요.

## 最好还是多休息。

Zuìhǎo háishì duō xiūxi

쭈에이하오 하이스 뚜어 시어우시

---

오늘은 어떠세요, 많이 좋아지셨어요?

## 你今天怎么样，好点儿了吗?

Nǐ jīntiān zěnmeyàng, hǎo diǎnr le ma

니 찐티엔 전머양, 하오 디알 러 마

---

전보다 많이 좋아졌어요.

## 比以前好多了。

Bǐ yǐqián hǎoduō le

비 이치엔 하오뚜어 러

---

의사는 며칠 더 지나면 당신이 좋아질 거래요.

## 医生说，再过几天就会好了。

Yīshēng shuō, zài guòjǐtiān jiù huì hǎo le

이성 쑤어, 짜이 꾸어지티엔 지어우 후에이 하오 러

---

이렇게 와주셔서 고마워요.

## 谢谢你特地来看我。

Xièxie nǐ tèdì lái kàn wǒ

시에시에 니 트어띠 라이 칸 워

---

**Conversation**

A: 听说你生病住院了，我真的好担心你。

B: 谢谢你来看我。现在好多了。

아파서 입원했단 소식을 듣고 정말 많이 걱정했어요.
와주셔서 고맙습니다. 이제 많이 좋아졌어요.

>> 녹음을 듣고 소리내어 읽어볼까요? 《《 듣기 》》

이 근처에 약국 있어요?

### 这附近有药房吗?

Zhè fùjìn yǒu yàofáng ma

쩌 푸찐 여우 야오팡 마

이 약은 어떻게 먹죠?

### 这药该怎么服用?

Zhè yào gāi zěnme fúyòng

쩌 야오 까이 전머 푸용

하루에 몇 번 먹죠?

### 一天吃几次?

Yìtiān chī jǐcì

이티엔 츠 지츠

하루 세 번, 식후에 드세요.

### 一天三次，饭后服用。

Yìtiān sāncì, fànhòu fúyòng

이티엔 싼츠, 판허우 푸용

두통약 있어요?

### 有没有头疼药?

Yǒuméiyǒu tóuténgyào

여우메이여우 터우텅야오

중의약을 드릴까요, 양약을 드릴까요?

### 你要中药还是西药?

Nǐ yào zhōngyào háishì xīyào

니 야오 쫑야오 하이스 시야오

Conversation

A: 你需要什么药?

B: 消化不好。

어떤 약 드릴까요?

소화가 잘 안돼요.

● 앞에서 배운 대화 내용의 병음입니다. 녹음을 듣고 또박또박 읽어 보세요.

**Unit 01** 병원에서

A: Nǐhǎo, wǒ xiǎng guàn ménzhěn.

B: Qǐng chūshì ménzhěn bìnglì shǒucè hé jiùzhěn kǎ.

**Unit 02** 증세를 물을 때

A: Zěnme le? Nǐ nǎr bù shūfu?

B: Wǒ cóng zuótiānwǎnshang kāishǐ tóuténg, fāshāo.

**Unit 03** 증상을 말할 때

A: Wǒ hóulóng tòng, liú bítì tóuténg.

B: Nǐ zhège yàngzi duōjiǔ le?

**Unit 04** 검진을 받을 때

A: Nǐ qù yīyuàn jiǎnchá le ma?

B: Qùguole.

**Unit 05** 이비인후과에서

A: Xǐngbítì jiù chūxiě.

B: Xǐngbítì yào qīng diǎn.

**Unit 06** 안과에서

A: Nǐ de shìlì shì duōshǎo?

B: Shìlì bú tài hǎo.

**Unit 07** 치과에서

A: Yáyín chūxiěle.

B: Yǒu hěnduō yágòu.

**Unit 08** 입원 또는 퇴원할 때

A: Nǐ de bìngqíng jiào yánzhòng, děi zhùyuànzhìliáo.

B: Yào zhù jǐtiān?

**Unit 09** 병문안할 때

A: Tīngshuō nǐ shēngbìngzhùyuànle, wǒ zhēn de hǎo dānxīn nǐ.

B: Xièxie nǐ lái kàn wǒ. xiànzài hǎoduō le.

**Unit 10** 약국에서

A: Nǐ xūyào shénme yào?

B: Xiāohuà bùhǎo.